Soluções alternativas
de controvérsias
no setor público

Central de Qualidade — FGV Management
ouvidoria@fgv.br

SÉRIE DIREITO DO ESTADO E DA REGULAÇÃO

Soluções alternativas de controvérsias no setor público

Joaquim Falcão
Sérgio Guerra
Rafael Almeida

Organizadores

Copyright © 2015 Joaquim Falcão; Sérgio Guerra; Rafael Almeida

Direitos desta edição reservados à
EDITORA FGV
Rua Jornalista Orlando Dantas, 37
22231-010 | Rio de Janeiro, RJ | Brasil
Tels.: 0800-021-7777 | 21-3799-4427
Fax: 21-3799-4430
editora@fgv.br | pedidoseditora@fgv.br
www.fgv.br/editora

Impresso no Brasil | *Printed in Brazil*

Todos os direitos reservados. A reprodução não autorizada desta publicação, no todo ou em parte, constitui violação do copyright (Lei nº 9.610/98).

Os conceitos emitidos neste livro são de inteira responsabilidade dos autores.

1ª edição — 2015

Preparação de originais: Sandra Frank
Editoração eletrônica: FA Studio
Revisão: Aleidis de Beltran | Frederico Hartje
Capa: aspecto:design

Ficha catalográfica elaborada pela
Biblioteca Mario Henrique Simonsen/FGV

Soluções alternativas de controvérsias no setor público / Organizadores: Joaquim Falcão, Sérgio Guerra, Rafael Almeida. — Rio de Janeiro : Editora FGV, 2015.
200 p. — (Direito do Estado e da Regulação (FGV Management))

Publicações FGV Management.
Inclui bibliografia.
ISBN: 978-85-225-0860-0

1. Conflito — Administração. 2. Mediação. 3. Parceria público-privada. 4. Arbitragem (Processo civil). 5. Resolução de disputas (Direito). I. Falcão, Joaquim, 1943-. II. Guerra, Sérgio, 1964-. III. Almeida, Rafael. IV. Fundação Getulio Vargas. V. FGV Management. VI. Série.

CDD — 341.162

Nossa missão é construir uma Escola de Direito referência no Brasil em carreiras públicas e direito empresarial, formando lideranças para pensar o Brasil a longo prazo e ser referência no ensino e na pesquisa jurídica para auxiliar o desenvolvimento e avanço do país.

FGV Direito Rio

Sumário

Apresentação 11

Introdução 13

1 | Mediação de conflitos: histórico, conceito, princípio fundamental e procedimentos. Código de ética, panorama nacional e internacional. Áreas de aplicação, recursos técnicos e benefícios 15
  Roteiro de estudo 15
    Mediação de conflitos 15
    Processos colaborativos e políticas públicas 51
    Construção de consenso 60
  Questões de automonitoramento 68

2 | Parceria público-privada 71
  Roteiro de estudo 71
    Disposições preliminares 71

       O contrato de parceria público-privada 80

       Garantias 84

       Sociedade de propósito específico 88

       Licitação 89

       O Fundo Garantidor de Parcerias Público-Privadas (FGP) 90

       Arbitragem no âmbito das parcerias público-privadas 93

       Questões de automonitoramento 107

3 | Atividades reguladas 109

Roteiro de estudo 109

       Arbitrabilidade nos contratos com o Estado 109

       Solução de controvérsias no âmbito das atividades reguladas 128

       Questões de automonitoramento 141

4 | *Dispute board* 143

Roteiro de estudo 143

       Histórico e conceito 143

       Vantagens do uso dos *dispute boards* 147

       Funcionamento de um *dispute board* 149

       Qualificação dos membros de um *dispute board* 154

       Questões de automonitoramento 154

5 | Sugestões de casos geradores 155

Mediação de conflitos: histórico, conceito, princípio fundamental e procedimentos. Código de ética, panorama nacional e internacional. Áreas de aplicação, recursos técnicos e benefícios (cap. 1) 155

Caso 1. Mediação e negociação   155
Caso 2. Processos colaborativos/facilitação de diálogos   158
Caso 3. Processos colaborativos/facilitação de diálogos   161
Caso 4. Construção do consenso   162
Parceria público-privada (cap. 2)   164
Atividades reguladas (cap. 3)   168
Dispute board *(cap. 4)*   176

Conclusão   179

Referências   181

Organizadores   195

Colaboradores   197

Apresentação

Aliada à credibilidade de mais de meio século de excelência no ensino de economia, administração e de outras disciplinas ligadas à atuação pública e privada, a Escola de Direito do Rio de Janeiro da Fundação Getulio Vargas – FGV Direito Rio – iniciou suas atividades em julho de 2002. A criação desta nova escola é uma estratégia da FGV para oferecer ao país um novo modelo de ensino jurídico capaz de formar lideranças de destaque na advocacia e nas carreiras públicas.

A FGV Direito Rio desenvolveu um cuidadoso plano pedagógico para seu Programa de Educação Continuada, contemplando cursos de pós-graduação e de extensão. O programa surge como valorosa resposta à crise do ensino jurídico observada no Brasil nas últimas décadas, que se expressa pela incompatibilidade entre as práticas tradicionais de ensino do direito e as demandas de uma sociedade desenvolvida.

Em seu plano, a FGV Direito Rio assume o papel de formar profissionais preparados para atender às reais necessidades e expectativas da sociedade brasileira em tempos de globalização.

Seus cursos reforçam o comprometimento da escola em inserir no mercado profissionais de direito capazes de lidar com áreas interdisciplinares, dotados de uma visão ampla das questões jurídicas e com sólidas bases acadêmica e prática. A Série Direito do Estado e da Regulação é um importante instrumento para difusão do pensamento e do tratamento dado às modernas teses e questões discutidas nas salas de aula dos cursos de MBA e de pós-graduação, focados no direito público, desenvolvidos pela FGV Direito Rio.

Desta forma, esperamos oferecer a estudantes e advogados um material de estudo que possa efetivamente contribuir para seu cotidiano profissional.

Introdução

Este volume dedicado ao estudo de soluções alternativas de controvérsias no setor público tem origem em profunda pesquisa e sistemática consolidação dos materiais de aula acerca de temas que despertam crescente interesse no meio jurídico e reclamam mais atenção dos estudiosos do direito. A intenção da Escola de Direito do Rio de Janeiro da Fundação Getulio Vargas é tratar de questões atuais sobre o tema, aliando a dogmática e a pragmática jurídicas.

A obra trata, de forma didática e clara, dos conceitos e dos princípios de soluções alternativas de controvérsias no setor público, analisando as questões em face das condições econômicas do desenvolvimento do país e das discussões recentes sobre o processo de reforma do Estado.

O material aqui apresentado abrangerá assuntos relevantes, como:

- mediação de conflitos: histórico, conceito, princípio fundamental e procedimentos/código de ética, panorama nacional e internacional/áreas de aplicação, recursos técnicos e benefícios;

- parceria público-privada;
- atividades reguladas;
- *dispute board*.

Em conformidade com a metodologia da FGV Direito Rio, cada capítulo conta com o estudo de *leading cases* para auxiliar na compreensão dos temas. Com ênfase em casos práticos, pretendemos oferecer uma análise dinâmica e crítica das normas vigentes e sua interpretação.

Esperamos, assim, fornecer o instrumental técnico-jurídico para os profissionais com atuação ou interesse na área, visando fomentar a proposição de soluções criativas para problemas normalmente enfrentados.

1

Mediação de conflitos: histórico, conceito, princípio fundamental e procedimentos. Código de ética, panorama nacional e internacional. Áreas de aplicação, recursos técnicos e benefícios

Roteiro de estudo

Mediação de conflitos

Histórico

Maria de Nazareth Serpa[1] observa que os meios alternativos[2] de solução de conflitos,[3] também chamados de *alternative*

---

[1] SERPA, Maria de Nazareth. *Teoria e prática da mediação de conflitos*. Rio de Janeiro: Lumen Juris, 1999. p. 67.

[2] Destaca Cláudio Vianna de Lima que o termo alternativo se refere às possíveis opções à solução da Justiça do Estado (LIMA, Cláudio Vianna de. Observações da prática da mediação e da arbitragem. *Revista Doutrinária*, Niterói, v. 4, n. 4, p. 78, maio 2001).

[3] Citando Rudoph J. Rummel, Maria de Nazareth Serpa conceitua conflito, em uma acepção ampla, como o "confronto de poder na luta de todas as coisas por se manifestar". Em uma acepção estrita, na visão da autora, conflito se constitui "numa categoria distinta do comportamento social onde duas partes tentam possuir o que ambas não podem". Cf. SERPA, Maria de Nazareth. *Teoria e prática da mediação de conflitos*, 1999, op. cit., p. 24.

dispute resolution (ADR) ou *alternative dispute settlement* (ADS), não são a panaceia do século XX, pois em todos os tempos e lugares os envolvidos buscaram maneiras cotidianas e imediatas para solucionar seus conflitos – do diálogo à guerra.

Como esclarece Cristina Ayoub Riche,[4] a solução de controvérsias por particulares já existia antes mesmo da criação do Estado. Todavia, naquela época, adotava-se o sistema da autodefesa ou da autotutela.

A mediação, por influência do filósofo Confúcio, já era usada pelos chineses na Antiguidade. Na verdade, esse era o principal meio utilizado. No Japão, percebe-se também a atmosfera conciliatória, uma vez que a figura do mediador é muito conhecida.

Nas tribos africanas, a mediação também era utilizada pelo líder de cada grupo nos *moots*.[5] Nem a colonização inglesa e, consequentemente, a introdução dos costumes e tribunais ingleses acabou com tal prática.

Maria de Nazareth Serpa,[6] por frequentemente observar referências de intervenções de pastores, párocos, rabinos chamados a sugerir caminhos para os impasses, destaca o papel importante das religiões na história dos conflitos e suas resoluções.

Os colonizadores europeus dos Estados Unidos da América (*quakers*), acostumados a resolver suas questões sem a interferência da autoridade pública, mantiveram essa postura ao chegar a solo novo.

---

[4] RICHE, Cristina Ayoub. *Lei de Arbitragem nº 9.307/96*: uma solução alternativa para os conflitos de ordem jurídica. Rio de Janeiro: UniverCidade, 2001. p. 25.
[5] SERPA, Maria de Nazareth. *Teoria e prática da mediação de conflitos*, 1999, op. cit., p. 69. *Moots* eram reuniões públicas ou privadas com o objetivo de buscar soluções para os problemas individuais ou coletivos. As decisões não eram impostas às partes; não havia julgamento nem sanções.
[6] Ibid.

Conceito

Os meios alternativos de solução de controvérsias são buscados pelas partes, principalmente, em virtude da descrença e da morosidade do Poder Judiciário.[7;8] Ademais, em se utilizando esses métodos, não há a obrigatoriedade de transformar os atos em públicos, como nos atos processuais.[9] Muito pelo contrário. Somente é possível divulgar qualquer informação sobre a questão se houver autorização das partes envolvidas. O sigilo nos meios alternativos é regra; nos atos processuais é exceção.

É imprescindível que as partes, após frustrada a negociação direta,[10;11] tenham confiança naqueles que escolheram para auxi-

---

[7] J. S. Fagundes Cunha aponta esse motivo como o propulsor para levar a Argentina à reflexão da instituição da mediação. Assim, foi criado o Programa Nacional de Mediação, cujo objetivo declarado e central era o desenvolvimento da mediação não somente anexa, conectada ou relacionada com o Poder Judiciário (tribunal), senão a instalação de centros de mediação comunitária, a criação de centros de mediação institucionais – dentro de organismos não governamentais –, como colégios profissionais, fundações, associações civis, que em tal caráter podem administrar, monitorar e avaliar os programas, a qualidade do serviço e o nível de satisfação dos usuários, levando em conta também os programas de mediação escolar, em nível tanto primário quanto secundário (CUNHA, J. S. Fagundes. Da mediação e da arbitragem endoprocessual. *Revista dos Juizados Especiais*, São Paulo, v. 4, n. 14, p. 16, out./dez. 1999).

[8] Luiz Guilherme Loureiro defende que a mediação não deve ser vista como uma forma de remediar o crescimento exponencial do contencioso judicial, pois seu principal benefício não é a redução de processos, mas sim o aperfeiçoamento na qualidade da prestação jurisdicional, permitindo melhorar a imagem da Justiça (LOUREIRO, Luiz Guilherme de Andrade Vieira. A mediação como forma alternativa de solução de conflitos. *Revista dos Tribunais*, São Paulo, v. 87, n. 751, p. 100, maio 1998).

[9] Código de Processo Civil (Lei nº 5.869/1973), art. 155.

[10] Para Cláudio Vianna de Lima, o ponto de partida está na solução espontânea das próprias partes. Na sua visão, a negociação direta, pessoal das partes se distingue da chamada negociação profissional (técnica, ciência ou arte de conduzir os entendimentos, como o uso de uma série de princípios e práticas objeto de estudos e textos de profissionais, que se vinculam até ao livro do general chinês Sun Tsu, autor de *A arte da guerra*) (LIMA, Cláudio Vianna de. "Observações da prática da mediação e da arbitragem", 2001, op. cit., p. 82).

[11] Ver OLIVEIRA, Regis Fernandes de. Mediação (instrumento da pacificação social). *Revista dos Tribunais*, São Paulo, v. 91, n. 799, p. 88-100, maio 2002. Ele esclarece que a negociação pode ocorrer entre particulares, entre particulares e entes públicos e também em nível internacional, quando pessoas físicas e jurídicas de alguns países controvertem sobre algo.

liá-los a chegar ao fim da controvérsia e naqueles designados para compor definitivamente o conflito. Conforme observa Cláudio Vianna de Lima,[12] os conflitos são inerentes à natureza humana, no entanto, não podem prosperar sob pena de pôr em risco a paz social. Assim, como esclarece Luiz Guilherme de Andrade Vieira Loureiro,[13] a mediação constitui "um poderoso instrumento de recomposição de relações sociais, de estabelecimento de novas relações entre indivíduos ou entre a sociedade civil e o Estado".

Os métodos mais conhecidos e utilizados, no Brasil, são: mediação, conciliação e arbitragem.[14] Somente a arbitragem tem legislação específica, a Lei nº 9.307/1996; a referência à conciliação está em legislação esparsa.[15] Conforme destaca Zuleica Maria Meurer:[16]

> Já tramitaram dois Projetos de Lei no Congresso Nacional, para regulamentar a Mediação. O primeiro de autoria da Deputada Zulaiê Cobra, é o Projeto de Lei nº 4.827, de 1998 (BRASIL, 2007), "que institucionaliza e disciplina a Mediação como Método de Prevenção e Solução Consensual de Conflitos". Com apenas sete artigos, de forma concisa e clara, o Projeto de Lei nº 4.827/98 asseverava o que é a Mediação (art. 1º), quem pode

---

[12] LIMA, Cláudio Vianna de. "Observações da prática da mediação e da arbitragem", 2001, op. cit., p. 83.
[13] LOUREIRO, Luiz Guilherme de Andrade Vieira. "A mediação como forma alternativa de solução de conflitos", 1998, op. cit., p. 95.
[14] Outros meios são: *mini-trial*, avaliação neutra de terceiro, *review boards*, sistema de manejo de conflitos (SMC) e *med-arb*. Para estudo desses meios, recomenda-se ALMEIDA, Tania. Século XXI: a mediação de conflitos e outros métodos não adversariais de resolução de controvérsias. In: CONSELHO DE CÂMARAS DE COMÉRCIO DO MERCOSUL. Secretaria Geral Pro Tempore. *Anais das palestras proferidas em 2002*. Confederação Nacional do Comércio, Rio de Janeiro, 2003. p. 10-11.
[15] Código de Processo Civil, art. 331, §1º, e art. 447, parágrafo único. Lei nº 9.099/1995 (juizados especiais), arts. 22 e 24 (revogou a Lei nº 7.244/1984, que dispunha sobre os juizados especiais de pequenas causas).
[16] MEURER, Zuleica Maria. Mediação: uma proposta de solução de conflitos a ser implantada no Brasil, *Âmbito Jurídico*, Rio Grande, RS, v. XI, n. 54, jun. 2008. Disponível em: <www.ambito-juridico.com.br/site/index.php?n_link=revista_artigos_leitura&artigo_id=2987>. Acesso em: 4 fev. 2009.

ser mediador (art. 2º), Mediação judicial ou extrajudicial (art. 3º), Mediação endoprocessual (art. 4º), acordo como título executivo judicial (art. 5º), Audiência de Tentativa de Conciliação (art. 6º) e a publicação da lei (art. 7º).

O segundo projeto proposto em 2001 (BRASIL, 2007), do Instituto Brasileiro de Direito Processual, presidido pelos juristas Kazuo Watanabe e Ada Pelegrini Grinover e aclamado como adequado pela Ordem dos Advogados do Brasil, "institui e disciplina a Mediação paraprocessual como mecanismo complementar de solução de conflitos no Processo Civil". Previa o projeto de lei em questão que os mediadores serão obrigatoriamente advogados, com pelo menos dois anos de experiência, formados e selecionados pela Ordem dos Advogados do Brasil. Tais profissionais receberão honorários fixados segundo o valor atribuído à causa e pagos pelo autor (TARGA, 2004).

Contudo, está em vias de aprovação, o Projeto de Lei que tramita no Congresso Nacional: o Substitutivo (PLC 94/02), de autoria do Senador Pedro Simon (PMDB-RS), que institui a Mediação como método de prevenção e solução consensual de conflitos na esfera civil. O Substitutivo nº PLC 94/02 é fruto da fusão de duas propostas já existentes: o Projeto de Lei nº 4.827/98, de autoria da deputada Zulaiê Cobra, e o Projeto do Instituto Brasileiro de Direito Processual, presidido pelos juristas Kazuo Watanabe e Ada Pelegrini Grinover. O primeiro Projeto procura oficializar e instituir a Mediação no Brasil de forma genérica, ao passo que o outro pretende instituir e disponibilizar a Mediação nos Tribunais, prévia ou incidentalmente (SCRIPILLITI e CAETANO, 2004).

Cláudio Vianna de Lima[17] esclarece que a escolha do meio alternativo de solução de controvérsia não é arbitrária. No en-

---

[17] LIMA, Cláudio Vianna de. "Observações da prática da mediação e da arbitragem", 2001, op. cit., p. 84.

tanto, deve-se observar o mais apropriado para cada questão. Para o autor, é possível prever se o conflito será dirimido em um único ato ou não. No primeiro caso, a melhor indicação seria a mediação. Se houver a necessidade da realização de vários atos, aconselha-se a conciliação (para questões de menor complexidade) ou a arbitragem (questões complexas ou que exijam conhecimentos técnicos especializados). Todavia, cada caso deve ser cuidadosamente estudado, pois, como salientam Susan Carpenter e W. J. D. Kennedy,[18] muitas disputas são previsíveis; outras nos surpreendem.

Mediação

Conforme observa Tania Almeida,[19] a mediação é um recurso a ser utilizado por aqueles que, objetivando a resolução da controvérsia, estejam de boa-fé e dispostos a rever as posições anteriormente adotadas. Complementa Cristina Ayoub Riche,[20] com base em Alexandre Freitas Câmara: "mediação é a técnica de solução de conflitos por intermédio da qual um terceiro [denominado mediador] tem a função de aproximar as partes com o fito dos próprios litigantes, direta e pessoalmente, darem fim ao conflito".[21] Para Ângela Mendonça e Renata Fonkert,[22] o

---

[18] CARPENTER, Susan L.; KENNEDY, W. J. D. *Managing public disputes*: a practical guide for government, business, and citizens' groups. San Francisco: Jossey-Bass, 2001. p. 3.
[19] ALMEIDA, Tania. "Século XXI", 2002, op. cit., p. 8.
[20] RICHE, Cristina Ayoub. *Lei de Arbitragem nº 9.307/96*, 2001, op. cit., p. 26.
[21] No entendimento de Luiz Guilherme Loureiro, mediação é um processo, e não uma técnica (LOUREIRO, Luiz Guilherme de Andrade Vieira. "A mediação como forma alternativa de solução de conflitos", 1998, op. cit., p. 95).
[22] MENDONÇA, Ângela; FONKERT, Renata. A crise do Judiciário, o movimento universal de acesso à Justiça e os meios alternativos de solução de conflitos. In: CONSELHO DE CÂMARAS DE COMÉRCIO DO MERCOSUL. Secretaria Geral Pro Tempore. *Anais das palestras proferidas em 2002*. Confederação Nacional do Comércio, Rio de Janeiro, 2003. p. 16.

mediador deve facilitar a comunicação visando estabelecer um diálogo cooperativo e respeitoso.

É importante destacar que nesse meio alternativo de solução de controvérsias o mediador *não* está autorizado a fazer sugestões ou propor soluções. São as próprias partes que devem ser autoras dessas soluções. O mediador não emite um juízo de valor; apenas auxilia, encoraja as partes para que estas cheguem a um denominador comum. Se chegarem, como destaca Marcial Barreto Casabona,[23] o conflito será eliminado e, possivelmente, o surgimento de novos será evitado. Caso contrário, haverá ao menos mais clareza dos envolvidos no sentido de que, em havendo a propositura de ação, a transmitirão ao juiz, colaborando, assim, para uma melhor decisão.

Para Maria Berenice Dias e Giselle Groeninga,[24] a mediação permite "a reorganização das relações de modo a contemplar o futuro", uma vez que o confronto entre as modificações do passado e a transposição para o presente possibilitam aos envolvidos a composição do conflito. Por essas razões, não é possível haver mediação sem uma das partes.

Conclui Tania Almeida que a mediação vem-se constituindo em importante recurso de resolução alternativa de disputas (*alternative dispute resolutions* – ADRs) nas situações que envolvem conflitos de interesses aliados à necessidade de negociá-los. É um processo orientado a possibilitar que as pessoas nele envolvidas sejam coautoras da solução e da resolução dos seus conflitos. Tem, portanto, amplo campo de atuação nas organizações sociais, desde as empresariais até as familiares.

---

[23] CASABONA, Marcial Barreto. Mediação e lei. *Revista do Advogado*, São Paulo, n. 62, p. 86, mar. 2001.
[24] DIAS, Maria Berenice; GROENINGA, Giselle. A mediação no confronto entre direitos e deveres. *Revista do Advogado*, São Paulo, n. 62, p. 62, mar. 2001.

Compondo o quadro das ADRs, a mediação sobressai aos seus pares pela busca da autoria na autocomposição. Idealizada como um processo estruturado em etapas, ela visa estabelecer ou restabelecer o diálogo entre as partes, para que delas surjam alternativas e a escolha de soluções. Proposta para dar voz e vez àqueles que dela participam, prevê a negociação dos seus procedimentos com as partes. Assentada na autonomia da vontade das partes tem seu início, curso e término a ela sujeitos, pressupondo com isso a disponibilidade dos envolvidos para rever a posição em que se encontram. Instrumento de negociação de interesses, articula durante todo o seu percurso a necessidade de cada um com a possibilidade do outro, desde que dentro dos limites da ética e do direito. Prevista para ser célere, informal e sigilosa, atua propiciando redução de custos financeiros, emocionais e de tempo, em função de, em curto prazo, promover a instalação de um contexto colaborativo em lugar de um adversarial – sendo, assim, a única possibilidade para autocomposição. Possibilitadora de negociações em qualquer contexto capaz de produzir conflitos, tem viabilizado negociações empresariais, internacionais, em questões comerciais, trabalhistas, comunitárias, de meio ambiente, da saúde e familiares. Especialmente útil para o manejo de desacordos ocorridos em relações que terão continuidade no tempo – parcerias, contratos, parentesco, vizinhança –, tem sido também incluída no espectro das práticas restaurativas como ferramenta promotora de diálogo em restritos temas penais.

Passível de anteceder ou suceder a resolução judicial, a mediação pode também instalar-se no seu curso, atuando como instrumento complementar, possibilitador de mudanças relacionais e consequente dissolução da lide. Com seu término ritualizado pela redação de um acordo que inclua uma linguagem positiva e a aquiescência das partes com seus termos e redação, ela viabiliza que uma pauta emocional que contemple o reconhecimento do erro ou um pedido de desculpas tenha também lugar.

Por seu caráter informal, os acordos construídos na mediação devem ganhar linguagem jurídica e ser encaminhados para homologação do que necessário for. O acordo de manter-se em desacordo e de eleger a resolução judicial para os itens não acordados se faz viável na mediação, preservando a autoria da escolha do fórum de negociações.

CONCILIAÇÃO

Nesse meio alternativo de solução de controvérsias, o terceiro, denominado conciliador, tem mais autonomia, isto é, ele pode intervir mais. O conciliador deve aparar as arestas existentes para que os litigantes, de forma consensual, cheguem a uma solução.[25] Cristina Ayoub Riche faz a distinção entre mediação e conciliação pela intensidade da atuação do terceiro. Explica a autora[26] que na mediação o terceiro atua como um "potencializador das sugestões trazidas pelas próprias partes para a solução de controvérsia", tendo uma atuação mais branda. Na conciliação, espera-se que o terceiro seja mais ativo e traga sugestões viáveis para os próprios litigantes resolverem o conflito.

Em ambos os meios alternativos, são os próprios litigantes que resolvem o conflito. O mediador e o conciliador intervêm, mas a solução é apresentada pelos litigantes de comum acordo. São meios autocompositivos de solução de controvérsias.

Segundo Garcez,

> no Brasil, a expressão conciliação tem sido vinculada principalmente ao procedimento judicial, sendo exercida por juízes, togados ou leigos, ou por conciliadores bacharéis em direito, e

---
[25] RICHE, Cristina Ayoub. *Lei de Arbitragem* nº 9.307/96, 2001, op. cit., p. 26.
[26] Ibid., p. 27.

representa, em realidade, um degrau a mais em relação à mediação, isto significando que o conciliador não se limita apenas a auxiliar as partes a chegarem, por elas próprias, a um acordo, mas também pode aconselhar e tentar induzir as mesmas a que cheguem a este resultado, fazendo-as divisar seus direitos, para que possam decidir mais rapidamente.[27]

ARBITRAGEM

Diferentemente dos dois outros meios alternativos estudados, a arbitragem é um meio compositivo de solução de controvérsias, ou seja, o terceiro, denominado árbitro, resolve o conflito. Esclarecem Jacob Dolinger e Carmen Tiburcio[28] que na arbitragem as partes buscam a resolução da controvérsia por meio da decisão imposta pelo árbitro, e não mais por elas próprias. A decisão proferida pelo(s) árbitro(s) é obrigatória para as partes e inapelável; somente é admitido por lei recurso visando aos esclarecimentos ou à correção de erro material (art. 30 da Lei de Arbitragem). Conforme observa a autora,[29] a arbitragem é o meio alternativo mais utilizado pelos litigantes. John W. Cooley,[30] usando como ponto de vista o processo judicial, compara a arbitragem a um julgamento e a mediação a uma conferência judicial conducente a um acordo.

João Bosco Lee,[31] citando Bénédicte Fauvarque-Cosson, explica que "a arbitrabilidade é a aptidão de um litígio ser o objeto

---

[27] GARCEZ, Jose Maria Rossani. *Negociação, ADRS, mediação, conciliação e arbitragem*. Rio de Janeiro: Lumen Juris, 2004. p. 54.
[28] DOLINGER, Jacob; TIBURCIO, Carmen. *Direito internacional privado*: arbitragem comercial internacional. Rio de Janeiro: Renovar, 2003. p. 19.
[29] Ibid.
[30] COOLEY, John W. *A advocacia na mediação*. Trad. René Loncan. Brasília: UnB, 2001. p. 27.
[31] LEE, João Bosco. *Arbitragem comercial internacional nos países do Mercosul*. 4. tir. Curitiba: Juruá, 2005. p. 51.

de uma arbitragem". De acordo com o elemento de estudo, a arbitrabilidade pode ser qualificada como subjetiva ou objetiva. Enquanto a arbitrabilidade subjetiva, também denominada *ratione personae*, refere-se à pessoa física ou jurídica apta a celebrar convenção de arbitragem, a arbitrabilidade objetiva ou *ratione materiae* trata do objeto do litígio.

O art. 1º da Lei nº 9.307/1996 disciplina que "as pessoas capazes de contratar poderão valer-se da arbitragem para dirimir litígios relativos a direitos patrimoniais disponíveis". Tal dispositivo, entretanto, não define os sujeitos que podem participar da arbitragem, o que gera controvérsia acerca da possibilidade de participação da administração pública direta e indireta.

Como se pode ver na ementa do Mandado de Segurança nº 11.308/DF:

> [...] 6. A doutrina do tema sustenta a legalidade da submissão do poder público ao juízo arbitral, calcado no seguinte precedente do E. STF, *in litteris*: "*Esse fenômeno, até certo ponto paradoxal, pode encontrar inúmeras explicações, e uma delas pode ser o erro, muito comum, de relacionar a indisponibilidade de direitos a tudo quanto se puder associar, ainda que ligeiramente, à Administração.*"
> Um pesquisador atento e diligente poderá facilmente verificar que não existe qualquer razão que inviabilize o uso dos tribunais arbitrais por agentes do Estado.
> Aliás, os anais do STF dão conta de precedente muito expressivo, conhecido como '*caso Lage*', no qual a própria União submeteu-se a um juízo arbitral para resolver questão pendente com a Organização Lage, constituída de empresas privadas que se dedicassem a navegação, estaleiros e portos.
> A decisão nesse caso unanimemente proferida pelo Plenário do STF é de extrema importância porque reconheceu especificamente 'a legalidade do juízo arbitral, que o nosso direito sempre admitiu e consagrou, até mesmo nas causas contra a Fazenda'.

Esse acórdão encampou a tese defendida em parecer da lavra do eminente Castro Nunes e fez honra a acórdão anterior, relatado pela autorizada pena do Min. Amaral Santos.

"Não só o uso da arbitragem não é defeso aos agentes da administração, como, antes, é recomendável, posto que privilegia o interesse público." (in "Da Arbitrabilidade de Litígios Envolvendo Sociedades de Economia Mista e da Interpretação de Cláusula Compromissória", publicado na *Revista de Direito Bancário do Mercado de Capitais e da Arbitragem*, Editora Revista dos Tribunais, ano 5, outubro-dezembro de 2002, coordenada por Arnold Wald, esclarece às páginas 398/399).

7. Deveras, não é qualquer direito público sindicável na via arbitral, mas somente aqueles cognominados como "disponíveis", porquanto de natureza contratual ou privada.

8. A escorreita exegese da dicção legal impõe a distinção jusfilosófica entre o interesse público primário e o interesse da administração, cognominado "interesse público secundário". Lições de Carnelutti, Renato Alessi, Celso Antônio Bandeira de Mello e Min. Eros Roberto Grau.

9. O Estado, quando atestada a sua responsabilidade, revela-se tendente ao adimplemento da correspectiva indenização, coloca-se na posição de atendimento ao "interesse público". Ao revés, quando visa a evadir-se de sua responsabilidade no afã de minimizar os seus prejuízos patrimoniais, persegue nítido interesse secundário, subjetivamente pertinente ao aparelho estatal em subtrair-se de despesas, engendrando locupletamento à custa do dano alheio.

10. Destarte, é assente na doutrina e na jurisprudência que indisponível é o interesse público, e não o interesse da administração.

11. Sob esse enfoque, saliente-se que dentre os diversos atos praticados pela Administração, para a realização do interesse público primário, destacam-se aqueles em que se dispõe de determinados direitos patrimoniais, pragmáticos, cuja dispo-

nibilidade, em nome do bem coletivo, justifica a convenção da cláusula de arbitragem em sede de contrato administrativo.

12. As sociedades de economia mista encontram-se em situações paritárias em relação às empresas privadas nas suas atividades comerciais, consoante leitura do artigo 173, §1º, inciso II, da Constituição Federal, evidenciando-se a inocorrência de quaisquer restrições quanto à possibilidade de celebrarem convenções de arbitragem para solução de conflitos de interesses, uma vez legitimadas para tal as suas congêneres.

13. Outrossim, a ausência de óbice na estipulação da arbitragem pelo Poder Público encontra supedâneo na doutrina clássica do tema, *verbis*: "(...) *Ao optar pela arbitragem o contratante público não está transigindo com o interesse público, nem abrindo mão de instrumentos de defesa de interesses públicos. Está, sim, escolhendo uma forma mais expedita, ou um meio mais hábil, para a defesa do interesse público. Assim como o juiz, no procedimento judicial deve ser imparcial, também o árbitro deve decidir com imparcialidade. O interesse público não se confunde com o mero interesse da Administração ou da Fazenda Pública; o interesse público está na correta aplicação da lei e se confunde com a realização correta da Justiça.*" (No sentido da conclusão Dalmo Dallari, citado por Arnold Wald, Atlhos Gusmão Carneiro, Miguel Tostes de Alencar e Ruy Janoni Doutrado, em artigo intitulado "Da Validade de Convenção de Arbitragem Pactuada por Sociedade de Economia Mista", publicado na *Revista de Direito Bancário do Mercado de Capitais e da Arbitragem*, nº 18, ano 5, outubro-dezembro de 2002, à página 418).

14. A aplicabilidade do juízo arbitral em litígios administrativos, quando presentes direitos patrimoniais disponíveis do Estado, é fomentada pela lei específica, porquanto mais célere, consoante se colhe do artigo 23 da Lei 8.987/1995, que dispõe acerca de concessões e permissões de serviços e obras públicas, e prevê em seu inciso XV, dentre as cláusulas essenciais do contrato de

concessão de serviço público, as relativas ao "foro e ao modo amigável de solução de divergências contratuais". (Precedentes do Supremo Tribunal Federal: *SE 5206 AgR/EP, de relatoria do Min. SEPÚLVEDA PERTENCE*, publicado no DJ de 30-04-2004 e AI. 52.191, Pleno, Rel. Min. Bilac Pinto. in RTJ 68/382 – "Caso Lage". Cite-se ainda MS 199800200366-9, Conselho Especial, TJDF, J. 18.05.1999, Relatora Desembargadora Nancy Andrighi, DJ 18.08.1999.) [...]³²

Princípio fundamental

O princípio fundamental da mediação é o princípio da autonomia da vontade.³³

Esse princípio confere às partes a faculdade de se socorrerem de meios alternativos para solução da controvérsia que envolva direito patrimonial disponível.³⁴ Maria de Nazareth Serpa³⁵ destaca que nem as mediações recomendadas pelos tribunais nos Estados Unidos podem ser chamadas de compulsórias, uma vez que a participação propriamente dita somente ocorrerá se a parte concordar.

Quanto ao objeto, Cláudio Vianna de Lima³⁶ reforça: "em se tratando de questão envolvendo direito indisponível, não pode haver a menor dúvida: a indicação é a via judicial". J. S.

---

³² BRASIL. Superior Tribunal de Justiça. MS nº 11.308/DF – 2005/0212763-0. Relator: ministro Luiz Fux. Primeira Seção. Julgado em 8 abr. 2008. *DJ*, 19 maio 2008, p. 1, grifos no original.
³³ Na Lei de Arbitragem, esse princípio é encontrado logo no art. 1º.
³⁴ Segundo Cláudio Vianna de Lima, "são patrimoniais os direitos relativos a bens que podem ser apreciados economicamente, quantificados em moeda. Disponíveis são os direitos que se referem a bens apropriáveis, alienáveis, que se encontram no comércio jurídico" (LIMA, Cláudio Vianna de. A Lei de Arbitragem e o artigo 23, XV, da Lei de Concessões. *Revista de Direito Administrativo*, v. 209, p. 92, jul./set. 1997).
³⁵ SERPA, Maria de Nazareth. *Teoria e prática da mediação de conflitos*, 1999, op. cit., p. 153.
³⁶ LIMA, Cláudio Vianna de. "Observações da prática da mediação e da arbitragem", 2001, op. cit., p. 84.

Fagundes Cunha[37] esclarece que o procedimento de mediação obrigatória não pode ser aplicado em causas penais, ações de separação ou divórcio, nulidade de matrimônio, filiação e pátrio poder, mas somente em questões patrimoniais derivadas destas.

Luiz Guilherme de Andrade Vieira Loureiro[38] enfatiza ser possível o uso da mediação em conflitos envolvendo o direito público e em casos relativos ao direito privado. Destaca que em alguns países há, em curso, experiências do uso da mediação em casos de crimes de pequeno potencial ofensivo. O art. 1º da Lei nº 9.099/1995 (juizados especiais) prevê a conciliação também para os juizados especiais criminais. O substitutivo ao Projeto de Lei nº 4.827/1998 prevê, no art. 4º, a mediação nas matérias que admitem conciliação, reconciliação, transação e acordo de outra ordem, para os fins que consista a lei civil ou penal. Conforme definição de Amaral Neto:[39] "Autonomia da vontade é, portanto, o princípio de direito privado pelo qual o agente tem a possibilidade de praticar um ato jurídico, determinando-lhe o conteúdo, a forma e os efeitos. Seu campo de aplicação é, por excelência, o direito obrigacional".

Outros princípios da mediação

Princípio da não adversariedade

Diferentemente do espírito das demandas judiciais, não há o espírito ganhador vs perdedor. Na mediação busca-se resolver o impasse sem competição. As partes trabalham juntas para encon-

---

[37] CUNHA, J. S. Fagundes. "Da mediação e da arbitragem endoprocessual", 1999, op. cit., p. 20.
[38] LOUREIRO, Luiz Guilherme de Andrade Vieira. "A mediação como forma alternativa de solução de conflitos", 1998, op. cit., p. 95.
[39] AMARAL NETO apud RICHE, Cristina Ayoub. *Lei de Arbitragem nº 9.307/96*, 2001, op. cit., p. 127.

trar solução para as questões. Como observa Maria de Nazareth Serpa,[40] "a mediação geralmente tem o efeito de conter a escalada das questões em disputa e o antagonismo". Consequentemente, a probabilidade de as partes manterem o bom relacionamento (ou terminá-lo de maneira mais cooperativa) é maior. A mediação e a conciliação são métodos, inseridos numa cultura diferenciada de pacificação social, por meio de tentativas cooperativas entre as partes.

PRINCÍPIO DA PRESENÇA DO TERCEIRO INTERVENTOR

Como observa Maria de Nazareth Serpa,[41] a presença de um interventor é imprescindível para criar uma nova dinâmica. A intervenção, com técnicas específicas, visa dirigir a negociação de forma a facilitar a comunicação entre as partes. No entanto, são as próprias partes que propõem a solução, e como já destacado, a transação final não é obrigatória para as partes, uma vez que o mediador não tem coercibilidade. Somente na arbitragem as partes estão vinculadas à decisão do(s) árbitro(s).

O resultado da mediação será um título executivo extrajudicial. O art. 8º do substitutivo ao projeto de lei para instituição da mediação (PL nº 4.827/1998, de autoria da deputada Zulaiê Cobra Ribeiro) prevê sua transformação em título executivo judicial quando, a pedido das partes, homologada pelo juiz.

PRINCÍPIO DA NEUTRALIDADE E IMPARCIALIDADE DA INTERVENÇÃO

A neutralidade e imparcialidade são fundamentais na mediação, uma vez que são as próprias partes que chegam a um denominador comum. O papel do interventor é apenas ajudá-las

---

[40] SERPA, Maria de Nazareth. *Teoria e prática da mediação de conflitos*, 1999, op. cit., p. 154.
[41] Ibid.

a trilhar o caminho. Imparcialidade deve ser entendida como[42] ausência de favoritismo ou preconceito com relação a palavras, ações ou aparências. Imparcialidade implica um compromisso de ajuda a todas as partes, em oposição a uma parte individualmente, na movimentação em direção a um acordo. Se por algum motivo o mediador achar que sua atitude não está sendo imparcial, deve se retirar para evitar prejuízo para uma ou ambas as partes. Jorge Pereira Raggi e Angelina Maria Lanna Moraes[43] reforçam que o mediador deve "conduzir a mediação de maneira imparcial, estar e parecer imparcial".

PRINCÍPIO DA AUTORIDADE DAS PARTES

Esse princípio confere às partes, e somente a elas, o poder de elaborar, discutir e decidir a solução aplicável ao ponto controverso. A responsabilidade do resultado é exclusivamente das partes, uma vez que o mediador tem por função conduzir o processo de negociação com diligência, facilitar o diálogo entre as partes e auxiliar na criação de um contexto colaborativo. Maria de Nazareth Serpa[44] enfatiza que apesar de o interventor responder pelo processo em si, o poder de decisão, inclusive sobre o procedimento das sessões, é das partes, pois na mediação, diferentemente do que ocorre na demanda judicial, não há a dependência do trabalho do advogado.

Por força, ainda, desse princípio, é inadmissível a coerção ou influenciação total ou parcial de uma das partes pelo mediador. A parte deve, por livre e espontânea vontade, tomar

---

[42] Regra nº 10.070 do capítulo 44.1011 dos Estatutos da Flórida.
[43] RAGGI, Jorge Pereira; MORAES, Angelina Maria Lanna. *Perícias ambientais*: controvérsias e estudo de casos. Rio de Janeiro: Qualitymark, 2005. p. 120.
[44] SERPA, Maria de Nazareth. *Teoria e prática da mediação de conflitos*, 1999, op. cit., p. 156.

suas decisões, e, para isso, deve o mediador informar todos os fatos materiais ou circunstâncias no curso da condução do processo.

Princípios da Flexibilidade e Informalidade do Processo

Em virtude dos princípios da flexibilidade e informalidade do processo é possível que as partes respondam pelo procedimento das sessões, pois a formalidade é quase inexistente se comparada ao processo judicial. Não há um processo rígido a ser seguido, nem normas de direito substantivo ou processual. Torna-se desnecessária a aplicação de normas genéricas e preestabelecidas. Cabe às partes determinar a estruturação da mediação, mas, em regra, as etapas são:

1. *pré-mediação*: oferecimento de informações sobre o processo de mediação, avaliação da situação e eleição do mediador;
2. *discurso de abertura*: negociação e estabelecimento de procedimentos, acordo de participação e termo de independência;[45]
3. *relato das histórias*: as partes relatam a controvérsia em entrevistas conjuntas e/ou privadas, e são utilizadas, primordialmente, técnicas de comunicação;
4. *construção, ampliação e negociação de alternativas*: a agenda com as questões que carecem de solução é construída, alternativas de resolução são elaboradas e opções de solução pautadas no benefício mútuo são eleitas; as técnicas de negociação são utilizadas;
5. *fechamento do processo de mediação*: redação das conclusões e encaminhamento para as partes ou para homologação.

---

[45] Termo assinado pelo mediador se comprometendo com essa mediação e atestando não haver interesses conflituosos.

Princípio da privaticidade do processo

Tendo em vista a falta de coercibilidade da mediação, para o sucesso da mediação é imprescindível que as partes, por livre liberalidade, cumpram a decisão que tomaram com base em seus próprios conceitos, aspirações e aspectos morais.

Ao mediador falta o poder de polícia conferido ao Poder Judiciário. Consequentemente, o mediador não tem competência para obrigar a uma parte o cumprimento da proposta por ela mesma realizada.

Esclarece Maria de Nazareth Serpa[46] que "a vontade das partes se manifesta de maneira autônoma e soberana, e os direitos podem fazer parte do arsenal de valores das partes, mas as decisões só as vinculam na medida do seu entendimento, conscientização e aceitação de suas premissas".

Princípio da consensualidade da resolução

Estabelece que somente aquela proposta feita pela parte é que a obriga, isto é, se houver uma decisão tomada por um terceiro (mediador ou outra pessoa), no curso da mediação, não estará a parte obrigada, por haver faltado sua anuência. Ocorrendo tal atitude, o meio alternativo deixará de ser a mediação.

Princípio da confidencialidade

Conforme mencionado, os meios alternativos de solução de controvérsia são, na sua essência, confidenciais às partes e àqueles envolvidos. Caberá às partes, utilizando-se da mediação,

---

[46] SERPA, Maria de Nazareth. *Teoria e prática da mediação de conflitos*, 1999, op. cit., p. 157.

decidir sobre a publicidade do caso, principalmente por ter a mediação natureza privada.

Jorge Pereira Raggi e Angelina Maria Lanna Moraes[47] ressaltam que o mediador não deve revelar nenhum assunto (comportamento das partes, mérito ou acordo) da mediação sem o consentimento das partes, a não ser que haja exigência legal ou política pública nesse sentido.

Código de ética

No Brasil, diferentemente do que ocorre em outras atividades, a figura do mediador não possui normas sobre a ética derivadas de lei. No entanto, nem por isso o mediador deixa de ser obrigado a agir eticamente na condução do processo e no seu relacionamento com as partes. Maria de Nazareth Serpa[48] reporta que nos Estados Unidos há um corpo legal sobre a matéria, e a literatura inglesa mostra uma preocupação com os aspectos éticos, pois, como explica, a maioria das instituições inglesas acaba acatando as normas da profissão de origem do mediador.

Com base nos princípios da mediação[49] é possível determinar quais as atitudes reprováveis da parte do mediador e prever um código de ética. Cada instituição pode ter seu código com características específicas, todavia todos derivam dos princípios e zelam pelo desenvolvimento da mediação. O Conselho Nacional das Instituições de Mediação e Arbitragem (Conima) elaborou um modelo de código de ética para mediadores e árbitros, po-

---

[47] RAGGI, Jorge Pereira; MORAES, Angelina Maria Lanna. *Perícias ambientais*, 2005, op. cit., p. 121.
[48] SERPA, Maria de Nazareth. *Teoria e prática da mediação de conflitos*, 1999, op. cit., p. 233.
[49] Princípio da autonomia da vontade; princípio da não adversariedade; princípio da presença do terceiro interventor; princípio da neutralidade e imparcialidade da intervenção; princípio da autoridade das partes; princípios da flexibilidade e informalidade do processo; princípio da privatividade do processo; princípio da consensualidade da resolução; e princípio da confidencialidade.

dendo cada instituição a ele filiada ampliar tal modelo. Devem ser observados, também, o Regulamento Modelo da Mediação, elaborado pelo Conima, e, no que for possível, o Modelo Normativo de Conduta para Mediadores.[50]

John W. Cooley[51] enfatiza a necessidade de o advogado estar familiarizado com os dois tipos de normas éticas – as que guiam os mediadores no desempenho de suas funções e aquelas que regem a conduta dos advogados envolvidos na negociação – para que possa auxiliar seu cliente se forem ultrapassados os limites éticos. Além do mais, estando ciente dos seus próprios limites, o advogado tenderá a desempenhar melhor seu papel e verificar se o advogado da outra parte também está agindo dentro do seu limite, de forma a evitar prejuízos ao seu cliente.

A Resolução nº 125, de novembro de 2010, do Conselho Nacional de Justiça, prevê código de ética com foco específico na mediação e na conciliação judiciais, possuindo peculiaridades, como a necessidade de cadastro do mediador/conciliador junto ao Tribunal, submissão às orientações do juiz coordenador da unidade a que estiver vinculada e aplicação aos conciliadores/mediadores dos mesmos motivos de impedimento e suspeição válidos para os juízes.

Princípios éticos fundamentais

Maria de Nazareth Serpa[52] destaca que, para proteger e propiciar o desenvolvimento no processo de mediação – tendo

---

[50] Esse modelo foi preparado em 1994 pela American Arbitration Association, pelo Departamento de Resolução de Disputas da American Bar Association e pela Association for Conflict Resolution. As revisões feitas no ano de 2005 foram aprovadas pela House of Delegates da American Bar Association em 9 de agosto de 2005, pelo Conselho Diretor da Association for Conflict Resolution em 22 de agosto de 2005 e pelo Comitê Executivo da American Bar Association em 8 de setembro do mesmo ano.
[51] COOLEY, John W. *A advocacia na mediação*, 2001, op. cit., p. 210-211.
[52] SERPA, Maria de Nazareth. *Teoria e prática da mediação de conflitos*, 1999, op. cit., p. 231.

em vista que tudo é abstrato, desde a vontade das partes até os interesses e a forma com que o acordo é feito –, é necessário discutir alguns pontos, entre eles: questões de justiça, padrões de confidencialidade, responsabilidade, padrões éticos, certificação e licenciatura. Acrescenta:[53]

> Ao agir como um neutro interventor, o mediador assume uma série de responsabilidades, que envolvem competência, princípios e integridade, não só no exercício da atividade mediadora quanto na sua formação. O mediador tem de se comprometer com uma série de regras e acordos, sobre confidencialidade, imunidades, além de observar altos padrões éticos, na maneira como conduzem o processo e a si próprios, dentro dele. Na proporção em que a atividade mediadora começa a se incorporar no dia a dia do brasileiro, não há como não desenvolver e estabelecer padrões práticos, e estabelecer limites éticos básicos. Atualmente, aqueles que abraçam a profissão mediadora já trazem, de suas carreiras de origem, um código ético-profissional, mas dentro da mediação terão de acrescentar padrões e limites especialíssimos.

O mediador agirá com base nos seguintes princípios: imparcialidade, credibilidade, competência, confidencialidade e diligência.[54]

IMPARCIALIDADE

De forma resumida, tendo em vista que este princípio já foi abordado, imparcialidade pode ser entendida como a intervenção do mediador sem demonstrar preferência por uma das

---

[53] Ibid., p. 232.
[54] No substitutivo ao Projeto de Lei nº 4.827/1998 os princípios estão previstos no art. 14. São eles: imparcialidade, independência, aptidão, diligência e confidencialidade.

partes, preconceito ou valores pessoais que venham a interferir no desenvolvimento das suas atividades e condução do processo. O mediador deve ser neutro, e, na visão de Maria de Nazareth Serpa,[55] "agir como neutro implica catalisar. O trabalho do catalisador é semelhante ao vento, que resfria o ambiente por onde passa, sem interferir na substância que toca".

Credibilidade

O mediador deve ser independente, franco e coerente; deve ser aquele em quem se possa crer, confiar para conduzir as partes à elaboração de um acordo final para resolver a questão controversa.

Competência

Na mediação, o substitutivo ao Projeto de Lei nº 4.827/1998 determina o objeto da mediação (matérias que admitem conciliação, reconciliação, transação e acordo de outra ordem, para os fins que consista a lei civil ou penal – art. 4º) e a capacidade do mediador (conforme art. 9º do citado substitutivo, qualquer pessoa capaz e que tenha formação técnica ou experiência prática adequada à natureza do conflito. No entanto, destaca-se que o mediador deve ter competência para a condução do processo em si, não sendo necessário o especial conhecimento da matéria, tendo em vista que sua função é mediar as partes e não decidir o conflito, e considerando que a orientação técnica não deverá vir do mediador, e sim dos especialistas que as partes venham a consultar com vistas a qualificar tecnicamente suas decisões).

---

[55] SERPA, Maria de Nazareth. *Teoria e prática da mediação de* conflitos, 1999, op. cit., p. 243.

Assim, antes de iniciar o processo de mediação, o mediador deve analisar se é competente para mediar aquela questão.

CONFIDENCIALIDADE

De forma resumida, tendo em vista explicações prévias, devido a esse princípio caberá às partes decidir sobre a publicidade do caso, principalmente por ter a mediação natureza privada. O mediador está proibido de divulgar qualquer informação ou resultado sem o consentimento das partes, exceto nos casos exigidos por lei.

DILIGÊNCIA

Determina que o mediador deve ter cuidado e prudência na intervenção e no desenvolvimento do processo, assegurando a qualidade e cuidando ativamente do respeito a todos os princípios da mediação.

DO MEDIADOR

O mediador, conforme esclarece Tania Almeida, é um terceiro imparcial que, por meio de uma série de procedimentos próprios, auxilia as partes a identificar seus conflitos e interesses e a construir, em conjunto, alternativas de solução, visando ao consenso e à realização de acordos. O mediador deve proceder, no desempenho de suas funções, preservando os princípios éticos.[56]

Viabilizador dessa qualidade de negociação, um mediador amplia habilidades e adquire os conhecimentos necessários para

---

[56] Código de Ética dos Mediadores estabelecido pelo Conselho Nacional de Instituições de Mediação e Arbitragem (Conima) em 1997.

sua prática por meio de uma capacitação específica. Experto em visão sistêmica, comunicação e negociação, um mediador atua como facilitador do diálogo entre partes, identificando e desconstruindo impasses de diferentes naturezas; cuidando de tratamento e participação balanceados, auxiliando na identificação de interesses comuns, complementares e divergentes e na articulação do tripé necessidade, possibilidade e direito; possibilitando voz e vez aos envolvidos, construindo agendas de negociação com termos positivamente redefinidos, convidando as partes para reflexão e consequente ampliação e negociação de alternativas.

Seu principal instrumento de intervenção são as perguntas.

A possibilidade de entrevistas privadas, o manejo de ferramentas de negociação e comunicação, além de conhecimentos adicionais sobre peculiaridades do relacionamento humano e da influência das redes de pertinência e das histórias das lides na negociação, compõem também seu exercício.

Regido por princípios éticos, ele tem na imparcialidade, na competência, na confidencialidade e na diligência seu assentamento. Impedido eticamente de revelar o conteúdo das ações mediadoras, não pode prestar testemunho ou atuar profissionalmente no caso fora do âmbito da mediação ou ainda ter com o tema ou com as partes qualquer conflito de interesses.

Impedido de prestar consultoria ou serviços profissionais às partes, os conhecimentos advindos de sua profissão de origem somente podem se fazer presentes por meio de perguntas que visem identificar a suficiência da bagagem de informações dos participantes, propiciadora de um poder decisório de qualidade.

Esse impedimento reduz a atuação de um mediador a essa função e torna necessário e imprescindível o desempenho complementar de outros profissionais que possam auxiliar as partes com seus pareceres, especialmente os advogados. Cabe ao mediador recebê-los, informá-los sobre a natureza do processo e recomendar às partes que os mantenham como consultores e possíveis futuros redatores formais do acordo informal produzido na mediação, no caso de homologação.

É atribuição do mediador identificar a necessidade de consulta a outros profissionais/especialistas que possam contribuir com seus conhecimentos e prática para a ampliação de informação ou desconstrução de impasses, sem, no entanto, indicá-los nominalmente.

Do mediador para com sua nomeação

O mediador, conforme previsto no Código de Ética dos Mediadores do Conima,[57] que aceitar o encargo deverá estar imbuído do propósito de atuar de acordo com os princípios fundamentais da mediação e com as normas éticas, mantendo íntegro o processo de mediação, respeitando os procedimentos e o desenvolvimento do processo.

É seu dever informar às partes qualquer interesse ou relacionamento que possa afetar sua imparcialidade, suscitar aparência de parcialidade ou quebra de independência. Esse procedimento é necessário porque as partes precisam ter elementos para avaliar e decidir sobre a escolha/continuidade do mediador.

Decidindo por aceitar o encargo, o mediador firmará, com as partes, compromisso em que aceitará conduzir a mediação seguindo os termos convencionados, devendo, ainda, verificar se esse é o meio alternativo de solução de controvérsias mais apropriado para o caso.

O §4º do art. 30 do substitutivo ao Projeto de Lei nº 4.827/1998 possibilita a mudança de mediador, judicial ou extrajudicial, se as partes estiverem de comum acordo. Isso se deve,

---

[57] Ver: <www.conima.org.br>. Acesso em: 30 set. 2012.

principalmente, ao fato de não haver como a mediação prosperar se as partes (ou uma delas) não tiverem confiança no mediador.

Do mediador para com as partes

Para que a mediação tenha êxito, as partes devem aceitar a intervenção do mediador. É possível que a indicação tenha partido somente de uma delas, e dependerá da aceitação da outra parte sua ocorrência. Quando a indicação vier de ambas as partes, Christopher W. Moore[58] acredita que terá sido dado um passo psicológico importante para a resolução cooperativa da disputa.

O mediador deve, respeitando o princípio da autodeterminação, permitir que as próprias partes tomem as decisões, uma vez que os acordos são discutidos e celebrados entre as próprias partes, não sendo permitida sua imposição. Para isso deve garantir às partes compreensão e avaliação das implicações e do desdobramento do processo e de cada item negociado. Tal dever começa logo nas reuniões preliminares, se houver, e continua durante todo o processo de mediação. Ademais, deve abster-se de coagir ou influenciar qualquer das partes a fazer um acordo. Está o mediador impedido, também, de tomar decisões por qualquer das partes, bem como de dissimular fatos materiais ou circunstâncias do caso, no curso da condução da mediação, pois agindo dessa forma desrespeitaria o equilíbrio do processo, o qual deve promover. Para tanto, deve: (a) encorajar as partes a conduzir as deliberações da mediação de forma não adversarial; (b) promover o respeito mútuo entre as partes; e (c) assegurar às partes voz e legitimidade no processo.

---

[58] MOORE, Christopher W. *O processo de mediação*: estratégias práticas para a resolução de conflitos. 2. ed. Trad. Magda França Lopes. Porto Alegre: Artmed, 1998. p. 83.

A responsabilidade do mediador não é somente para com as partes da mediação; ele deve, também, promover considerações pelos interesses de pessoas afetadas pelo presente ou potencial acordo, mas que não estejam presentes ou representadas na mesa de negociação.

O mediador deve esclarecer, antes de iniciar a mediação, o valor e a forma de pagamento dos seus honorários e os prováveis custos com o processo. Via de regra, os honorários são fixados por hora-base, mas o mediador, juntamente com as partes, pode acordar de outra forma. No entanto, qualquer que seja a forma, deve o mediador ser norteado pelos altos padrões de honra e integridade que se aplicam para todas as outras fases do trabalho de mediação. O Estatuto da Flórida determina que o mediador mantenha em um limite razoável o total cobrado pelos serviços e despesas, consistente com a natureza do caso, explicando às partes o motivo da cobrança. No Brasil, as instituições adotam uma tabela mínima a ser seguida. Os honorários não são fixados com base no resultado do processo.

Maria de Nazareth Serpa[59] esclarece que o mediador também deve conscientizar as partes a dividir, equitativamente, os honorários. No entanto, são elas que decidem quem, e em que proporção, arcará com as despesas.

Em hipótese alguma o mediador pode fazer promessas e garantias a respeito dos resultados do processo. Seu dever é utilizar a prudência e a veracidade para a condução do processo. Além da reunião preliminar, o mediador, quando necessário, pode dialogar separadamente com uma das partes. No entanto, essa mesma oportunidade deve ser oferecida à outra parte. Ao final da sessão, deve esclarecer os pontos que são sigilosos e aqueles que podem ser do conhecimento da outra parte.

---

[59] SERPA, Maria de Nazareth. *Teoria e prática da mediação de conflitos*, 1999, op. cit., p. 238.

Mesmo após o término da mediação, o mediador ainda tem alguns deveres para com as partes, entre os quais a recomendação de revisão legal do acordo antes de subscrevê-lo e a impossibilidade de atuar como profissional contratado por qualquer uma das partes para tratar de questão que tenha correlação com a matéria mediada.

DO MEDIADOR PARA COM O PROCESSO

Maria de Nazareth Serpa[60] qualifica o mediador como o guardião do processo, sendo responsável pela sua integridade não só perante os participantes, mas também "fora da arena da mediação". Explica que, em virtude da maleabilidade da condução do processo, o mediador deve ter cuidado para não colocar empecilhos à livre manifestação e decisão das partes, a fim de não fugir do principal objetivo: o acordo.

Visando ao acordo, o mediador desenvolve também outra função: a de educador, em que esclarece as responsabilidades das partes. Maria de Nazareth Serpa[61] esclarece que essa função é muito importante para conscientizar as partes do poder que detêm para determinar o destino da controvérsia[62] e para que

---

[60] Ibid., p. 239.
[61] Ibid.
[62] Ver CARPENTER, Susan L.; KENNEDY, W. J. D. *Managing public disputes*, 2001, op. cit., p. 124-125. Os autores enfatizam que o auxílio mútuo na educação é um dos passos mais importantes, e inexperientes mediadores tendem a ver isso como desperdício de tempo, mas, na verdade, quanto mais uma parte auxiliar a outra, isto é, explicando a situação, descrevendo suas percepções para o problema, identificando e discutindo tópicos, maiores as chances de proporem opções e celebrarem acordos (trad. livre do original: "*The second step in running a program is educating the parties. They educate each other, describing their perception of the problem, identifying and discussing issues, explaining their concerns, and listing their assumptions and the sources of information they have used to draw conclusions. Education is time-consuming, and to some it will seem unnecessary. Inexperienced negotiators in particular may treat this step as the most easily expendable portion of a conflict management program. Individuals will say, 'Can't someone just summarize all the issues so we can move on?' But the more time the parties invest in education each other, the greater chance they will have of developing options and reaching agreements*").

assimilem o padrão de comportamento construtivo, e não competitivo, para futuras atuações em outras disputas, se houver. Ângela Mendonça e Renata Fonkert[63] acreditam que muitas vezes as pessoas trazem para os conflitos certa dose de emotividade, o que às vezes impede a clara visão dos interesses e posições, dificultando o entendimento do ponto de vista do outro. Acresce, ainda, a tendência ao uso da competitividade para resolver os conflitos. Para as autoras, a grande vantagem do processo de mediação é permitir às partes aprender a entender não só suas próprias questões, interesse e necessidades, mas também as do outro, em uma atitude de respeito e colaboração.

Como observa Christopher W. Moore,[64] além de descrever o processo da mediação para as partes e definir os procedimentos pertinentes ao processo, o mediador, ainda no primeiro estágio do processo de mediação, deve: (a) construir credibilidade pessoal, institucional e processual; (b) estabelecer o *rapport* com as partes; e (c) conseguir um compromisso para começar a mediar. É ainda seu dever informá-las a respeito da propriedade da aplicação do processo de mediação, pois nem todas as disputas podem ser resolvidas por esse meio alternativo de solução de controvérsias. Ademais, o mediador está eticamente atado à obrigação de indicar às partes a melhor forma para a resolução daquela controvérsia, uma vez que devem ser oferecidos e explicados os outros métodos alternativos. O mediador não deve prolongar a sessão de mediação se ela se revelar inapropriada para a resolução do conflito.

Na visão de Maria de Nazareth Serpa,[65] integridade, imparcialidade e competência profissional são fundamentais para o

---

[63] MENDONÇA, Ângela; FONKERT, Renata. "A crise do Judiciário, o movimento universal de acesso à Justiça e os meios alternativos de solução de conflitos", 2002, op. cit., p. 17.
[64] MOORE, Christopher W. *O processo de mediação*, 1998, op. cit., p. 85.
[65] SERPA, Maria de Nazareth. *Teoria e prática da mediação de conflitos*, 1999, op. cit., p. 241.

desempenho dos procedimentos da mediação. São princípios que não condizem com a publicidade e a propaganda dos serviços do mediador de forma a enganar ou conduzir os interessados a ideias falsas do processo, seu custo e benefícios, do papel a ser desempenhado pelo próprio mediador, sua competência e qualificações.

A imparcialidade do mediador é essencial para a condução frutífera da mediação. Por isso, se perceber que seu *background* pode afetar seu desempenho de modo a prejudicar uma das partes (ou ambas), deve se desqualificar da execução do serviço.[66]

Todas as informações colhidas pelo mediador durante o processo de mediação e conservadas após o término do processo não poderão ser divulgadas no futuro, em nenhum processo adversarial. O mediador deve, inclusive, instruir a equipe técnica responsável pelo manuseio e pelo arquivamento dos dados acerca da importância do sigilo. Maria de Nazareth Serpa[67] esclarece que o mediador deve, ainda, se recusar a testemunhar voluntariamente em juízo ou usar suas anotações em favor ou contra quem quer que seja e resistir a qualquer intimação nesse sentido.

A autora[68] chama a atenção para a função do mediador: mediador não é terapeuta. Por isso, se pressentir que poderá haver problemas na condução do processo em decorrência de questões psicológicas de uma das partes, deve encaminhar essa parte para um profissional especializado.

DO MEDIADOR PARA COM A INSTITUIÇÃO OU ENTIDADE ESPECIALIZADA

A mediação não é necessariamente feita com base nas normas de instituições especializadas. No entanto, uma vez

---

[66] Ibid., p. 242.
[67] Ibid., p. 245.
[68] Ibid., p. 246.

assim decidido, o mediador deve cooperar para a qualidade dos serviços prestados pela instituição ou entidade especializada, mantendo os padrões de qualificação de formação, aprimoramento e especialização exigidos.

Por conseguinte, deve, também, acatar as normas institucionais e éticas da profissão, submetendo-se ao código e ao conselho de ética da instituição ou entidade especializada, comunicando qualquer violação às suas normas.

Do mediador para com outros mediadores

Maria de Nazareth Serpa[69] explica que no relacionamento com outros mediadores, "a responsabilidade ética do mediador é substancial, não só para a continuidade do intercâmbio entre os profissionais, mas para preservação da filosofia da mediação". O espírito de colaboração aplicada na mediação se estende aos mediadores também, pois se estimula o respeito absoluto pela atitude do outro e a não interferência em qualquer atividade passada ou futura de outro. Assim, um mediador não deve mediar uma disputa que já esteja sendo mediada por outro sem antes consultá-lo.

Panorama nacional e internacional

Panorama nacional

Houve um grande avanço, no Brasil, quanto ao uso dos meios alternativos de solução de controvérsias. Todavia, se comparado a outros países, entre eles os Estados Unidos, o Brasil ainda está engatinhando nesse campo. O advento da Lei

---

[69] SERPA, Maria de Nazareth. *Teoria e prática da mediação de conflitos*, 1999, op. cit., p. 252.

de Arbitragem, em 1996, e o apoio do Poder Judiciário vêm contribuindo para fortalecer o uso dos meios alternativos não só pelos particulares (pessoas físicas e pessoas jurídicas), mas também pelos entes públicos (por exemplo, quando da utilização das parcerias público-privadas). Se aprovado o substitutivo ao Projeto de Lei nº 4.827/1998, mais um passo será dado em direção a uma postura mais contemporânea no que se refere ao sistema multiportas de resolução de conflitos. A arbitragem se desenvolveu muito após a publicação da sua lei específica, e espera-se o mesmo da mediação.

Hoje, os meios alternativos são vistos, em sua maioria, como um "desafogador" do Poder Judiciário. No entanto, essa não é sua natureza, isto é, o objetivo principal é fornecer às partes, devido às suas peculiaridades, opções para a resolução dos seus conflitos.

A Escola Nacional de Formação e Aperfeiçoamento de Magistrados (Enfam) e a Secretaria de Reforma do Judiciário, do Ministério da Justiça, estão trabalhando juntas na consolidação de uma cultura nacional de pacificação de conflitos. O objetivo é promover cursos de capacitação e aperfeiçoamento em técnicas de mediação e composição de conflitos para magistrados de todo o país.[70; 71]

O Conselho Nacional de Justiça (CNJ) instituiu a Política Judiciária Nacional de Tratamento Adequado de Conflitos no âmbito do Poder Judiciário por meio da Resolução nº 125, de novembro de 2010, sobre os pilares estratégicos da eficiência operacional, do acesso ao sistema de justiça e da responsabilidade

---

[70] BRASIL. Superior Tribunal de Justiça. Enfam formará especialistas em mediação e pacificação de conflitos. *Portal do STJ*, Brasília, 6 out. 2008 Disponível em: <www.stj.gov.br>. Acesso em: 7 out. 2008.
[71] Conforme informações no site da Enfam, para os cursos de formação de multiplicadores em mediação e técnicas autocompositivas, há uma parceria com o Ministério da Justiça/Secretaria de Reforma do Judiciário. Disponível em: <www.enfam.jus.br/portal_stj/publicacao/engine.wsp?tmp.area=1033>. Acesso em: 30 set. 2012.

social. Esse ato normativo tem como objetivo traçar política pública permanente de tratamento adequado dos problemas jurídicos e dos conflitos de interesses em âmbito nacional, não adstrita apenas aos serviços jurisdicionais prestados, mas igualmente a outros mecanismos autocompositivos.

Compreendendo ser basilar o incentivo e o aperfeiçoamento dos mecanismos consensuais de solução de litígios, o CNJ tem como meta conduzir a sistematização e o aprimoramento das práticas já adotadas pelos tribunais brasileiros para uniformizar os serviços de conciliação, de mediação e outros métodos consensuais.

A adoção de política pública permanente orientada por esse órgão administrativo evita disparidades de orientação e de práticas diante das especificidades regionais, permitindo controle de qualidade na especialização de órgãos judiciais acerca dessa temática.

Tal sistematização, além do foco na solução dos conflitos por meio alternativo à jurisdição tradicional, tem como alvo a estruturação de técnicas consistentes para serem adequadas às peculiaridades de cada caso concreto.

Entre as atribuições do CNJ ressalta-se a de realizar gestão junto às empresas e às agências reguladoras de serviços públicos, a fim de implementar práticas autocompositivas e atuar junto aos entes públicos de modo a estimular a conciliação nas demandas que envolvam matérias sedimentadas pela jurisprudência.

A Resolução nº 19/2009, do TJRJ, que dispõe sobre a regulamentação da atividade de mediação no âmbito do Poder Judiciário do Estado do Rio de Janeiro, observa a possibilidade de a mediação ocorrer previamente à demanda judicial ou na pendência de recursos interpostos pelas partes, envolvendo matéria civil e penal. A Resolução nº 23/2011, do TJRJ, institui o Núcleo Permanente de Métodos Consensuais de Solução de Conflitos e os centros judiciários de solução de conflitos e cidadania.

No âmbito civil, são favoráveis as temáticas consumeristas, familiares, envolvendo relações de vizinhança e demais relações de trato continuado, pois a mediação é preferencialmente utilizada diante de controvérsias que envolvam partes que mantêm um vínculo a ser preservado, além do procedimento não judicial.

Na esfera penal, abarca tanto as ações penais privadas quanto as públicas condicionadas à representação. Em ações públicas incondicionadas de infrações de menor potencial ofensivo, quando houver vítima direta será necessária, entretanto, a apreciação do acordo pelo Ministério Público e pelo juiz. Nas demais ações penais públicas, a anuência do acordo pelo Ministério Público e pelo Judiciário configura cláusula ou condição de eventual suspensão do cumprimento da pena ou do processo. Admite-se a mediação, ainda, em sede de *habeas corpus*.

Por sua vez, o Projeto de Lei nº 8.046/2010, do Novo Código de Processo Civil, dedica seção específica a conciliadores e mediadores judiciais nos arts. 144 a 153. Há previsão de autorização legal para os tribunais criarem setor de conciliação e mediação ou programas destinados à autocomposição. Ademais, há instituição do dever de estimular a realização da conciliação ou mediação por parte de magistrados, advogados, defensores públicos e membros do Ministério Público.

PANORAMA INTERNACIONAL

A mediação é um meio de solução de controvérsias muito difundido em diversos países. Petrônio Calmon[72] destaca que nos Estados Unidos a mediação é muito utilizada em conflitos trabalhistas. Enfatiza que desde o início do século XX é possível observar o uso de autocomposição por aquele país, mas somente nas décadas de 1970 e 80 "surgiu a onda das ADR, *alternative dispute resolution*", e hoje quase todos os estados têm programas de mediação.[73]

---

[72] CALMON, Petrônio. *Fundamentos da mediação e da conciliação*. Rio de Janeiro: Forense, 2007. p. 175.
[73] Ibid., p. 182.

Como esclarece Luiz Guilherme de Andrade Vieira Loureiro,[74] as experiências envolvendo novas formas de resolução de conflitos começaram a se desenvolver nos Estados Unidos após a realização da National Conference on the Cause of Popular Dissatisfaction with the Administration Justice, em abril de 1976. O objetivo do encontro era analisar os problemas verificados no Poder Judiciário na resolução de conflitos. Um dos resultados dessa conferência foi a publicação em vários estados americanos de leis específicas sobre meios alternativos de solução de controvérsias. Observa o autor que, naquele país, a mediação judiciária é relativamente desenvolvida e apresenta diferentes formas, como os *mini-trial, moderated settlement conference, summary jury trial* e *court annexed arbitrations*. Como salienta,[75] há grande êxito na mediação proposta pelo juiz.

Na América do Sul, podemos identificar outros países que utilizam meios de autocomposição, entre eles a Argentina.

Em 1995, na Argentina, a mediação obrigatória recebeu uma lei específica (Lei nº 24.573[76]) determinando que o mediador tenha título de advogado para exercer o cargo e receba honorários das partes quando houver acordo. Em caso negativo, seus honorários são pagos por um fundo.

Petrônio Calmon[77] observa que há "grande ênfase atual às iniciativas comunitárias. Todavia, mantêm-se as iniciativas singulares de cada Estado-membro da Comunidade Europeia, bem como daqueles que dela não fazem parte ou dos que se integraram em 2004". Destaca os projetos-piloto de Alemanha, Bélgica e França, entre outros.

---

[74] LOUREIRO, Luiz Guilherme de Andrade Vieira. "A mediação como forma alternativa de solução de conflitos", 1998, op. cit., p. 97.
[75] Ibid., p. 98.
[76] Essa lei é da capital federal. Deve ser ressaltado que na Argentina a mediação é matéria de lei procedimental, que fica a cargo das províncias; consequentemente, cada uma pode adotar uma norma específica, como hoje de fato ocorre.
[77] CALMON, Petrônio. *Fundamentos da mediação e da conciliação*, 2007, op. cit., p. 197.

Com relação à França, retrata Luiz Guilherme de Andrade Vieira Loureiro[78] que esse método alternativo já era utilizado paralelamente ao Judiciário. A utilização da mediação extrajudiciária independia de previsão legal e era realizada por organizações profissionais para casos envolvendo, inclusive, relações de consumo. No entanto, a mediação somente passou a se fixar à estrutura do Poder Judiciário em 1995, com a publicação da Lei nº 95-125. O objetivo da lei é incentivar o uso da mediação e dar um fundamento jurídico certo a esse modo alternativo, assegurando a paz entre as partes. Essa lei fixa, ainda, o objeto: direitos patrimoniais e direitos de família que estejam sujeitos à livre disposição das partes.

Como retrata Luiz Guilherme de Andrade Vieira Loureiro,[79] diferentemente do que ocorre na França, no Japão é possível utilizar a mediação em vários domínios, inclusive em litígios envolvendo a proteção do meio ambiente, o direito do trabalho e o civil. A mediação judiciária tem um papel fundamental nos tribunais de família (criados em 1949), sendo, inclusive, obrigatória para os litígios envolvendo o direito de família. Destaca que nessa área, a mediação é mais utilizada que os instrumentos tradicionais, isto é, o processo civil.

Processos colaborativos e políticas públicas

Definição de políticas públicas

Segundo o Manual da Construção do Consenso da Fundación Cambio Democrático,[80] políticas públicas são medidas

---

[78] LOUREIRO, Luiz Guilherme de Andrade Vieira. "A mediação como forma alternativa de solução de conflitos", 1998, op. cit., p. 99.
[79] Ibid., p. 98.
[80] FUNDACIÓN CAMBIO DEMOCRÁTICO. *Manual construcción de consenso*: los procesos colaborativos. Buenos Aires: Fundación Cambio Democrático, 2006. p. 10.

originadas em algum setor do Estado com o objetivo de atingir a coletividade. Essa definição pressupõe que: (a) as partes serão governantes e governados; (b) o objeto é uma medida ou um conjunto de medidas; (c) os governantes serão ativos e os governados, passivos.

Seguindo essa definição, os governados não proporiam melhorias nem iniciariam debates sobre políticas públicas.

Em contrapartida, Eduardo Appio, com base nos ensinamentos de Comparato e Bava, entende:

> As políticas públicas consistem em instrumentos estatais de intervenção na economia e na vida privada, consoante limitações e imposições previstas na própria Constituição, visando assegurar as condições necessárias para a consecução de seus objetivos, o que demanda uma combinação de vontade política e conhecimento técnico. [...][81]
>
> A escolha do conteúdo das políticas públicas, bem como o momento mais adequado para sua efetiva implantação, passa a ser resultado de um processo conjugado de decisão entre as instâncias formais de representação popular – as quais se constituem em indispensáveis instrumentos para a consolidação da democracia no país – e as instâncias paraestatais de representação política, através da intervenção direta de cidadãos ligados às atividades atingidas pelas medidas preconizadas.[82]

É nessa visão que o processo colaborativo tem seu âmbito de atuação. Para Eduardo Appio,[83] a combinação dos modelos representativo e participativo de democracia determinará o grau

---

[81] APPIO, Eduardo. *Controle judicial das políticas públicas no Brasil*. 5. reimpr. Curitiba: Juruá, 2008. p. 143.
[82] Ibid., p. 163.
[83] Ibid., p. 167.

de sucesso de uma política pública. Esses dois modelos devem funcionar de forma complementar, visando garantir a legitimidade das decisões compartilhadas.

Definição de processo colaborativo

Processos colaborativos são aqueles que convocam indivíduos e grupos com diferentes perspectivas e interesses sobre um problema para trabalharem juntos com a ajuda de um terceiro (facilitador ou mediador) no desenvolvimento de um programa de ação, utilizando um enfoque baseado no consenso.[84] São ferramentas utilizadas para que pessoas com diferentes visões sobre determinada situação tenham êxito na elaboração participativa de um acordo e resolução do conflito.

Existem três abordagens que podem ser utilizadas:[85] primeira geração, segunda geração e terceira geração.

Na abordagem denominada primeira geração, utilizam-se ferramentas para a resolução ou desconstrução de conflitos interpessoais. Ela também pode ser usada com o objetivo de organizar reuniões em que haja muitas partes ou aparentes conflitos (conflitos potenciais). As ferramentas utilizadas nessa abordagem são: (a) comunicação; (b) negociação colaborativa; (c) mediação; e (d) facilitação de diálogos. Tais instrumentos são frequentemente utilizados por mediadores judiciais ou comunitários. Busca-se a possibilidade de aplicação de habilidades de comunicação para a exploração de interesses, a redefinição do problema e a ampliação de opções para celebração de acordos ou ações em conjunto.

---

[84] FUNDACIÓN CAMBIO DEMOCRÁTICO. *Manual construcción de consenso*, 2006, op. cit., p. 17. Trad. livre do original: *"Los procesos colaborativos son aquellos que convocan a individuos y grupos con diferentes perspectivas e intereses sobre un problema para trabajar juntos con la ayuda de un tercero (facilitador o mediador) en el desarrollo de un programa de acción, utilizando un enfoque basado en el consenso"*.
[85] Ibid., p. 8.

Na segunda geração estão os processos que abordam a resolução de conflitos e os que visam à transformação social. Nesse quadro encontram-se temas mais complexos e com multiplicidade de partes, como temas públicos. Utilizam-se: (a) avaliação e análise do problema; (b) identificação de preocupações e interesses das partes; (c) redefinição do problema; (d) identificação de valores e denominadores em comum; (e) criação de opções; e (f) construção de acordos. Para tanto é necessário que as partes estejam comprometidas e se sintam responsáveis pela sua participação e condução do processo.

A terceira geração refere-se não ao desenho de processo, mas ao mapeamento de sistemas de grandes estruturas, como empresas e comunidades, para tentar promover mecanismos distintos para prevenção, contenção e manejo de crises. Esses sistemas podem ser a mediação, a arbitragem, a assistência jurídica etc.

Etapas do processo colaborativo

A divisão do processo colaborativo em etapas é especialmente didática. O objetivo, além de facilitar a compreensão, é que tal divisão seja vista como um guia para a condução do processo. Assim, as etapas não são exaustivas nem cronológicas, sendo possível o retorno a uma delas sempre que seja identificada a necessidade de correção de rumo ou reformulação de situações. São elas: (a) avaliação e análise (da situação/conflito); (b) mapeamento do processo de diálogo; (c) condução do processo de diálogo – facilitação; (d) monitoramento.

Uma etapa depende da outra, pois se, por exemplo, a avaliação e a análise do conflito não forem feitas detalhadamente, o mapeamento do processo ficará incompleto, o que pode levar ao insucesso de sua condução.

AVALIAÇÃO E ANÁLISE

O objetivo da avaliação é obter o máximo possível de informações atualizadas e detalhadas sobre a situação para a qual foi vislumbrado o processo colaborativo. Às vezes, nessa fase, é possível concluir que não há chances de êxito para o desenvolvimento do processo colaborativo. Conforme identificado por Susan Carpenter e W. J. D. Kennedy,[86] as disputas públicas raramente são tão simples quanto aparentam.

Para a obtenção dos dados necessários para a avaliação e a análise utilizam-se reuniões e entrevistas, que podem ser presenciais ou por telefone.

É imprescindível a identificação: (i) das partes (quem são os atores envolvidos); (ii) do problema (definição do problema do ponto de vista de cada ator); e (iii) do processo (de construção do conflito e de tentativa de resolução). Se um desses itens for analisado de forma errônea, o processo colaborativo estará fadado ao fracasso.

Para Susan Carpenter e W. J. D. Kennedy,[87] a coleta de informações é essencial, pois os conflitos são compostos de vários elementos.

Segundo Christopher Mitchell, Alberto Barrueco Rodríguez e Giselle Huamani Ober,[88] um dos passos mais importantes para a solução de um conflito é a análise objetiva de toda a situação. Isso é possível analisando o "antes" e o "depois". O "antes" seria a origem e a causa do conflito, e o "depois", as opções que as partes podem escolher.

---

[86] CARPENTER, Susan L.; KENNEDY, W. J. D. *Managing public disputes*, 2001, op. cit., p. 71.
[87] Ibid., p. 74. Texto original: *"Often people assume that if they understand the substantive issues they will be able to find a reasonable solution to their problem, but conflicts are a mixture of people, procedures, and substance".*
[88] MITCHELL, Christopher; RODRÍGUEZ, Alberto Barrueco; OBER, Giselle Huamani. *Manual de la resolución de conflictos intratables*. Fairfax: George Mason University, 2000. p. 29.

Conforme destacam os autores,[89] a análise do conflito deve ser contínua, tendo em vista que o conflito é dinâmico e mutável. A análise deve ser sempre atualizada, e os marcos teóricos devem ser flexíveis o suficiente para permitir revisões e novas reformulações.

Para uma análise estrutural completa, os autores[90] indicam elementos que devem constar na hora de fazer a análise. São eles: (a) partes; (b) papel principal de cada parte; (c) metas indicadas; (d) interesses individuais; (e) necessidades a serem satisfeitas; (f) meios de agir; (g) principais táticas; e (h) observações importantes para a análise.

Um recurso muito utilizado para a condução da análise é a elaboração de uma lista de perguntas-chave, importantes como guia. Uma avaliação precisa e constante das partes, do problema e de outros elementos é essencial para o desenvolvimento de estratégias efetivas.

Destacam ainda, os autores,[91] que "uma ampla participação das partes na análise e no processo ajudará a construir soluções para o conflito e sobre os passos necessários para caminhar na direção da solução".

Conforme esclarece Alessandra Gomes do Nascimento Silva,[92] há uma tendência natural de tratar o problema e as pessoas como uma coisa só.

Para Susan Carpenter e W. J. D. Kennedy,[93] as informações sobre um conflito são obtidas pelo somatório de três elementos: (a) observação direta; (b) fontes secundárias; e (c) entrevistas pessoais.

---

[89] Ibid., p. 30.
[90] Ibid., p. 31.
[91] Ibid., p. 32. Texto original: *"Además, una amplia participación de las partes implicadas en el análisis y proceso de evaluación ayudará a construir perspectivas compartidas sobre el problema y sobre los pasos necesarios para avanzar hacia una solución"*.
[92] SILVA, Alessandra Gomes do Nascimento. *Técnicas de negociação para advogados*. 2. ed. São Paulo: Saraiva, 2003. p. 25.
[93] CARPENTER, Susan L.; KENNEDY, W. J. D. *Managing public disputes*, 2001, op. cit., p. 75.

Pela observação direta é possível identificar a percepção que cada pessoa tem dos temas e das outras pessoas.

Fonte secundária é todo meio pelo qual seja possível a obtenção de alguma informação, principalmente a cronologia dos fatos pertinentes ao conflito – por exemplo, um memorando, notícias no jornal etc. Carpenter e Kennedy[94] recomendam, ainda, que as fontes secundárias sejam lidas antes das entrevistas pessoais.

Dos três elementos, a entrevista pessoal é a que oferece a maior oportunidade para coleta de informações detalhadas. Na visão dos autores,[95] se o entrevistado confia no entrevistador, ele fornece informações preciosas e torna possível o confrontamento e a articulação de dados.

O contexto histórico é muito importante e deve ser observado. "A história da situação pode guiar futuras ações das partes em disputa e de uma terceira parte também", advertem Mitchell, Rodríguez e Ober.[96]

Mapeamento do processo

Para mapear um processo colaborativo é preciso desenvolver uma estratégia clara e precisa, com passos realistas e viáveis. Via de regra, a estratégia é definida pelo facilitador (e equipe), e somente há a divulgação para as partes com seu consentimento.

Basicamente, os passos a serem seguidos são: (i) redefinição do problema; (ii) identificação de metas do processo;

---

[94] Ibid., p. 76.
[95] Ibid. Texto original: "*If people being interviewed trust the interviewer, they are likely to give more varied perspectives and a greater sense of the subtleties of the issue than can be obtained through direct observation or from secondary sources. Personal interviews are a means for cross-checking other people's perspectives and for sorting out differences*".
[96] MITCHELL, Christopher; RODRÍGUEZ, Alberto Barrueco; OBER, Giselle Huamani. Manual de la resolución de conflictos intratables, 2000, op. cit., p. 38. Texto original: "*La historia de la situación puede guiar futuras acciones de las partes en disputa y de la tercera parte*".

(iii) conexão do processo com o sistema formal de decisões;
(iv) convocação, estrutura de participação e definição dos papéis;
(v) formatos das reuniões; e (vi) regras a serem seguidas.

CONDUÇÃO DO PROCESSO – FACILITAÇÃO

Significa, primordialmente, executar aquilo que foi planejado. Formalmente, faz-se necessária uma reunião com todos os envolvidos, mas nem sempre isso é possível.

O objetivo da facilitação é, segundo o Manual da Construção do Consenso da Fundación Cambio Democrático:[97] *"facilitar es hacer 'más fácil' el trabajo de un grupo, al ayudar a sus miembros a interactuar de modo más efectivo"*. É preciso ter atenção nessa fase, uma vez que muitas das propostas apresentadas não são viáveis e podem levar o grupo a perder tempo e recursos. As discussões com apresentação de ideias inovadoras e criativas são dessa fase.

MONITORAMENTO

A implementação e o monitoramento efetivo são essenciais para o sucesso de qualquer acordo. Busca-se, também, qualidade e eficiência das discussões. A participação das partes com ideias inovadoras e criativas é de extrema importância para o sucesso do processo colaborativo.

Áreas de utilização do processo colaborativo

Os processos colaborativos podem ser utilizados em diversas áreas e em distintas situações. As principais situações são: (a) as situações de conflito – pessoas ou organizações que estão em conflito e precisam chegar a uma solução; (b) as situações de harmonia – várias pessoas ou organizações que precisam

---

[97] FUNDACIÓN CAMBIO DEMOCRÁTICO. *Manual construcción de consenso*, 2006, op. cit., p. 39.

acordar um plano de ação para atingir um objetivo em comum, de interesse coletivo. Por isso, o processo colaborativo é muito utilizado em:

- manejo de conflitos públicos;
- projetos em políticas públicas;
- desenho de políticas públicas;
- regulamentações negociadas.

Vantagens dos processos colaborativos

A planificação colaborativa e o processo de construção de consenso são importantes exemplos de processos colaborativos; trabalham no fortalecimento da participação cidadã, uma das principais finalidades dos processos colaborativos. Esse fortalecimento é importante para que a sociedade tenha conhecimento de como as decisões são tomadas e quais os seus fundamentos.

Entre outras, as principais vantagens do processo colaborativo são:

- construção de um diálogo aberto e plural;
- auxílio na tomada de decisões pautadas na satisfação mútua e no mútuo benefício;
- decisões públicas legítimas, decorrentes da coesão resultante do consenso participativo;
- construção de ações coletivas pelo diálogo.

De forma resumida, pode-se dizer que a dinâmica do processo colaborativo é a que se segue:

1º passo: a autoridade identifica um problema;
2º passo: a autoridade convoca os grupos para trocar informações e buscar uma solução em conjunto;
3º passo: os grupos ajudam a implementar a solução encontrada.

Questão cultural dos envolvidos

I. W. Zartman[98] identificou que "a cultura dos envolvidos realmente é relevante para o entendimento do processo de negociação".

Não só a cultura, mas também a história das (ou entre) as partes pode influenciar o conflito.

Conforme apontado por Kevin Avruch,[99] notamos o elemento cultural entre os envolvidos, principalmente, quando há divergência de opiniões. David Augsburger[100] compartilha desse entendimento quando afirma que "o estudo do conflito é o estudo dos contrastes". Acrescenta, ainda, que cada cultura desenvolveu um método único para a solução dos seus conflitos.

Construção de consenso

Histórico, conceito e características

Conforme destacado por Lawrence Susskind e Jeffrey Cruikshank,[101] o conceito de construção do consenso não é novidade. Todavia, em alguns casos é utilizado equivocadamente. Algumas pessoas conhecem de forma resumida os princípios

---

[98] ZARTMAN, I. W. A skeptic's view apud AVRUCH, Kevin. *Culture & conflict resolution.* Washington: United States Institute of Peace Press, 2002. p. 42. Texto original: *"Culture is indeed relevant to the understanding of the negotiation process, every bit as relevant as [the] breakfast [the negotiators ate], and to much the same extent".*

[99] AVRUCH, Kevin. *Culture & conflict resolution,* 2002, op. cit., p. 58. Texto original: *"Notice that culture appears as a sort of optical or perceptual illusion here: although always presence, it can best be seen when thrown into relief by the quality of difference".*

[100] AUGSBURGER, David. W. *Conflict mediation across cultures:* pathways and patterns. Louisville, KY: Westminster/John Knox Press, 1992. p. 22. Texto original: *"From culture to culture, each has developed its unique patterns of managing differences and resolving disputes. Each constructs its repertoire of conflict behaviors, its hierarchy of values, its code of laws. The study of conflict patterns is the study of contrasts. Out of the same basic needs, fears, and hopes, humans have crated ways of dealing with competition, frustration, and aggression tat reverse and reflect each other and that would, if brought together, complete each other".*

[101] SUSSKIND, Lawrence; CRUIKSHANK, Jeffrey. *Breaking Robert's rules:* the new way to run your meeting, build consensus, and get results. Oxford: Oxford University Press, 2006. p. 18.

básicos de tomada de decisão em negociações por meio de consenso.

Para os autores, o próprio conceito já gera confusão. Construção do consenso é um caminho para que um grupo ou organização chegue a um entendimento e consiga, com sucesso, colocá-lo em prática.[102] De forma equivocada, entende-se que para isso é necessário que haja unanimidade, mas os autores destacam que não.[103]

Segundo definição do *The consensus building handbook*,[104] construção do consenso é o processo pelo qual se busca a concordância de todos os envolvidos para celebrar um acordo que os satisfaça, preservando suas diferenças. Envolve um grande esforço em conhecer os interesses de todas as partes. O consenso foi atingido quando todos concordam que podem viver com a proposta feita após ter havido dedicação para entender todos os interesses. Dessa forma, a construção do consenso requer que alguém faça uma proposta após ouvir cuidadosamente as considerações de todos os envolvidos. As partes em um processo de construção do consenso têm (i) o direito de esperar que ninguém peça que elas menosprezem seus interesses e (ii) a responsabilidade de propor soluções que satisfaçam os interesses dos outros e os seus próprios.

---

[102] Ibid., p. 3. Trad. livre do original: "*Consensus building is a way for a group or organization to reach a nearly unanimous agreement, and then implement that agreement successfully*".
[103] Ibid., p. 19.
[104] SUSSKIND, Lawrence; MCKEARNAN, Sarah; THOMAS-LARMER, Jennifer. *The consensus building handbook*: a comprehensive guide to reaching agreement. Londres: Sage, 1999. p. 6. Trad. livre do original: "*Consensus building is a process of seeking unanimous agreement. It involves a good-faith effort to meet the interests of all stakeholders. Consensus has been reached when everyone agrees they can live with whatever is proposed after every effort has been made to meet the interests of all stakeholding parties. Thus, consensus building requires that someone frame a proposal after listening carefully to everyone's concerns. Participants in a consensus building process have both the right to expect that no one will ask them to undermine their interests and the responsibility to propose solutions that will meet everyone else's interests as well as their own*".

Segundo Lawrence Susskind e Jeffrey Cruikshank,[105] há seis requisitos de suma importância que devem ser cumpridos:

1. *É fundamental esclarecer as responsabilidades que cada um dos envolvidos tem consigo e com os demais.* Se uma pessoa representa um grupo, é importante definir qual a sua parcela de competência, seus limites e em nome de quem ela tem legitimidade para agir. A legitimidade do representante é vital para a celebração de propostas. A credibilidade e o sucesso das etapas dependem de ter à mesa de discussões pessoa com legitimidade para negociar em nome do grupo.
2. *Definir com clareza a missão do grupo.* Todo grupo deve definir responsabilidades pelas discussões e foco naquilo que precisa ser resolvido. É preciso que o grupo se esforce para manter a concentração e a eficiência nas discussões.
3. *Definir os fatos/acontecimentos reais.* Os envolvidos devem aceitar os fatos/acontecimentos, mesmo que a interpretação seja diferente. Talvez sejam necessárias reuniões e auxílio de terceiros para essa definição.
4. *Maximizar os ganhos.* Os envolvidos devem ter em mente que se não é possível satisfazer todos os interesses no acordo, pelo menos alguma parte deve ser satisfeita, o que é melhor do que não atingir nenhum objetivo. Não é preciso desistir de algo que o envolvido considere de extrema importância, mas buscar identificar os itens que podem ser do interesse do outro e, sendo possível, transacionar.
5. *É importante continuar a negociação para fazer uma minuta de documento a ser discutida com os representados.* É essencial, principalmente, quando o grupo de envolvidos é grande e há representantes de grupos. Isso configura legitimidade ao

---

[105] SUSSKIND, Lawrence; CRUIKSHANK, Jeffrey. *Breaking Robert's rules*, 2006, op. cit., p. 20-22.

acordo, aumenta a responsabilidade dos envolvidos e prepara o grupo para possíveis impasses.

6. *Os envolvidos devem pensar em possíveis dificuldades ou problemas para o cumprimento do acordado.* Os grupos de construção de consenso devem tentar antecipar os obstáculos para o cumprimento do acordado. É importante que o acordo seja elaborado de forma "flexível e forte", para superar esses obstáculos. Preparar-se para o inesperado é crucial porque (i) é certo que acontecerá e (ii) é difícil o grupo se reunir novamente para modificar o acordo depois de ele ter sido celebrado.

Diferenças entre o processo de construção do consenso e maioria[106]

Embora sejam dois tipos de processos de solução de conflitos, há muitas diferenças entre eles. A principal é a forma como as ideias são apresentadas.

No processo baseado na maioria, qualquer envolvido pode apresentar praticamente qualquer ideia, desde que tenha seguido as ordens definidas previamente. Não é necessário informar os fundamentos para aquela proposta. A propositura de sugestões para alterações dessa proposta pode ser vista como uma atitude hostil à proposta inicial ou ao proponente, e este pode negar a sugestão sem, da mesma forma, motivar. E, apesar de haver calorosos debates, o processo se resume à votação da proposta inicial (com ou sem emendas). Não há apresentação de novas propostas.

No processo por maioria não se incentiva apresentação de ideias que possam ter o percentual "mágico" de 51%.

Por outro lado, no processo de construção do consenso, a proposta (i) pode ser fragmentada pela pessoa responsável por

---

[106] Ibid., p. 30-32.

ajudar o grupo a celebrar o acordo e (ii) é formulada de maneira a permitir que várias pessoas possam contribuir para seu desenvolvimento. O facilitador, após ouvir as discussões, apresenta nova proposta ou um conjunto de ideias que reflita o que foi debatido pelo grupo e as preocupações dos envolvidos.

Outra grande diferença entre esses dois processos é a votação. No processo por maioria, a votação não precisa ser justificada e, praticamente, se baseia no "sim" ou "não" à proposta inicial. Já no processo de construção de consenso, quase nunca ocorre votação, pois há diálogo e deliberações que favorecem a apresentação de propostas pelo facilitador ou pelo líder do grupo. O ponto principal é: você pode viver com esta proposta? Em caso negativo, o que é necessário mudar? Por quê?

A terceira grande diferença é que os envolvidos no processo de construção do consenso têm a obrigação de melhorar a proposta inicialmente apresentada, caso não concordem com ela. A pessoa que está de má-fé ou que não está comprometida não pode simplesmente discordar por capricho; deve apresentar modificações e justificá-las.

No processo de construção do consenso, há, de fato, a apresentação de ideias e interesses dos envolvidos, o que, inevitavelmente, gera mais ideias. No processo de maioria, basicamente se discute a ideia inicial com acréscimos ou supressões.

As fases da construção do consenso

Lawrence Susskind e Jeffrey Cruikshank[107] identificam cinco passos para a construção do consenso. Esclarecem, ainda, que há semelhanças entre os requisitos e esses passos. São eles:

---

[107] Ibid., p. 22-30.

1. *Delimitação dos envolvidos e do conflito.* O primeiro passo no processo de construção do consenso é identificar todos os envolvidos e o conflito. Às vezes, um problema em especial deixa de figurar no rol dos itens a serem abordados e o processo não tem êxito. É preciso estabelecer as prioridades e detalhar as preocupações de cada envolvido. Na maioria dos casos, o representante do grupo não deve fazer a avaliação, pois ele pode ser parcial e deixar de observar pontos relevantes. Por vezes, a presença de um facilitador para a definição dos envolvidos e do conflito é dispensável, todavia é necessária a presença de uma pessoa neutra para garantir credibilidade e transparência ao processo.
2. *Definição de papéis e responsabilidades.* É preciso definir (i) quais serão as regras que regerão esse processo e (ii) quais as responsabilidades que cada um está disposto a aceitar. Tais regras são importantes para a própria condução do processo, principalmente se houver um grande número de envolvidos. Para tanto, os autores apresentam algumas regras que podem ser utilizadas durante o processo, entre as quais:
   ❏ não pode haver interrupções enquanto uma pessoa fala;
   ❏ cada pessoa define, no seu entendimento, o que seriam seus interesses e os de seu grupo;
   ❏ cada pessoa apresenta seu ponto de vista e sua interpretação. Não fala pelos demais;
   ❏ não pode haver ataques pessoais. A troca de ideias é encorajada, mas sem ofensas pessoais;
   ❏ a agenda deve ser seguida. Evitar desviar-se dos assuntos e nunca fazer rodeios.
   É importante, também, estabelecer tempo para cada fase. Mesmo que os envolvidos não tenham estabelecido, o representante deve fazê-lo, para a condução do processo.
3. *Solução do problema em grupo.* Para fins didáticos, os autores apresentam essa fase e a seguinte como se fossem distintas,

mas reconhecem que há semelhanças. O propósito da solução do problema em grupo é, em um contexto de construção de consenso, apresentar propostas, ideias que podem ajudar as partes a ficarem em uma situação melhor do que a situação vigente, se não houver acordo. Raramente isso é atingido com poucas reuniões. As pessoas precisam de tempo para amadurecer as ideias e vislumbrar como seria após a aceitação do acordo. O papel do facilitador varia de acordo com o grupo. Decerto, pode-se afirmar que nenhum processo é igual ao outro, pois sua condução depende muito das partes e das regras que elas estabeleceram. Depende, também, das necessidades de cada grupo. Manter muitas opções em discussão pode ser importante, pois o acordo final pode surgir da combinação dessas opções. Se as partes estiverem sem criatividade ou presas em determinado ponto, o facilitador pode apresentar sugestões para consideração do grupo.

4. *Celebração do acordo.* O importante no processo de construção de consenso é que a decisão não envolva votação. Em vez disso, há concordância com/aceitação do acordado. O facilitador tem um papel muito importante nessa fase. Se ele manteve com o grupo um diálogo constante e dedicado à construção do consenso, na fase de celebração do acordo ele tem as ferramentas necessárias para identificar se o grupo está próximo disso. Uma tática muito utilizada é aquela em que o facilitador resume tudo aquilo que foi exposto e indaga se todos os envolvidos poderiam conviver com aquele acordo final. Como os envolvidos sabem previamente as regras do processo, nessa fase eles, após ouvirem a proposta, devem dizer se concordam com ela ou não e fundamentar sua decisão. O objetivo da construção do consenso é fazer com que as pessoas sejam muito claras e transparentes sobre suas razões para a aceitação, ou não, da proposta. Não se objetiva colocar as pessoas, principalmente as que não concordarem

com a proposta, em destaque, mas entender seus motivos e construir uma comunicação eficaz e positiva entre as pessoas. O grupo deve estar disposto a escutar a pessoa que não aceitou a proposta e fazer novas sugestões, de forma a modificá-la até que todos os envolvidos estejam de acordo. É importante destacar que um facilitador habilidoso disciplina a forma como as pessoas expressarão seu descontentamento com a proposta.

5. *Manutenção do compromisso.* A última fase do processo de construção do consenso é a implementação. Muitos imaginam que com o acordo o processo está finalizado, mas os autores alertam: em alguns casos, o pior ainda está por vir, pois, no mundo real, as surpresas são inevitáveis. A implementação do acordo requer tempo e esforço, e, às vezes, dinheiro. O acordo, como já visto anteriormente, deve prever possíveis dificuldades para sua implementação, uma vez que as chances de haver novas reuniões para modificações são pequenas. A fase de manutenção do compromisso significa mais do que cada pessoa fazer o que prometeu; significa manter as partes em contato para que, se porventura uma situação imprevisível ocorrer, elas possam solucioná-la.

Articulação com políticas públicas

A construção do consenso é muito utilizada quando se trata de políticas públicas, principalmente na visão horizontal, ou seja, quando há a participação da sociedade na tomada de decisões.

De fato, o processo de construção de consenso em uma comunidade numerosa pode ser complexo, uma vez que envolve diferentes e por vezes competitivos interesses. Mas, estabelecendo as regras previamente e buscando arduamente o consenso – uma vez que qualquer acordo seria melhor do que nenhum –, o facilitador pode fazer com que as partes modifiquem a atual situação e implementem o consenso firmado.

Para Marcos Juruena Villela Souto,[108] "a fixação de uma política pública, com base num plano de desenvolvimento, é indispensável para o exercício da participação cidadã e do controle objetivo de sua execução".

Questões de automonitoramento

1. Após ler este capítulo, você é capaz de resumir os casos geradores apresentados no capítulo 5, identificando as partes envolvidas, os problemas atinentes e as possíveis soluções cabíveis?
2. Pode-se dizer que a mediação é um meio alternativo de solução de controvérsias novo, isto é, exclusivo no século XX? Por quê?
3. Quais os meios alternativos de solução de conflitos mais comuns em nossa cultura? Qual a diferença entre eles?
4. Como escolher o melhor meio alternativo de solução de conflito para uma situação determinada?
5. A opção por um meio alternativo de solução de conflitos fere o princípio emanado no art. 5º, XXXV, da Constituição Federal – o acesso ao Poder Judiciário? Por quê?
6. Qual é o princípio fundamental da mediação? Quais as suas principais características?
7. Que outros princípios norteiam a mediação?
8. Quais as etapas da mediação e suas finalidades?
9. Quais os princípios que o mediador deve observar? Explique-os.

---

[108] SOUTO, Marcos Juruena Villela Souto. *Direito administrativo em debate*. Rio de Janeiro: Lumen Juris, 2007. p. 23.

10. O mediador pode, após aceitar a nomeação, escusar-se?
11. Descreva três obrigações que o mediador deve ter para com as partes.
12. Descreva três obrigações que o mediador deve ter para com o processo.
13. Quais são os deveres do mediador para com a instituição ou entidade especializada?
14. Qual deve ser a postura de um mediador diante de outro?
15. O que são processos colaborativos? Quais são suas abordagens?
16. Explique as etapas dos processos colaborativos.
17. Quais são as principais áreas em que os processos colaborativos são utilizados?
18. Qual a finalidade do processo colaborativo?
19. Quais as vantagens do processo colaborativo?
20. De forma resumida, descreva a dinâmica do processo colaborativo.
21. Em que medida as diferentes definições/entendimentos sobre políticas públicas contribuem para os processos de tomada de decisão?
22. Quais os principais elementos para análise do conflito?
23. Qual a importância da coleta de informações para a análise do conflito?
24. A questão cultural dos envolvidos pode interferir no conflito? Por quê?
25. Defina construção do consenso.
26. Quais os requisitos do processo de construção do consenso?
27. Quais as fases do processo de construção do consenso?
28. A presença de um facilitador em um processo de construção do consenso é obrigatória? Por quê?

29. Qual a importância do estabelecimento de regras no processo de construção de consenso? Cite algumas.
30. Há vantagens na solução do problema em grupo?
31. Pense e descreva, mentalmente, alternativas para a solução dos casos geradores apresentados no capítulo 5.

2

Parceria público-privada

Roteiro de estudo

Disposições preliminares

A parceria público-privada não foi uma criação do legislador nacional. Na verdade, diversos países, como Inglaterra, França, Espanha, Portugal, Itália, Holanda, Irlanda e Noruega, já implementaram com sucesso as parcerias público-privadas.[109] Dessa forma, o termo *public private partnership*, em inglês, deu

---

[109] CAMPOS, Patrizia Antonacci. Parcerias público-privadas: a experiência internacional. *Migalhas*, 2005. Disponível em: </www.migalhas.com.br>. Acesso em: 30 nov. 2005. Sobre o surgimento das parcerias público-privadas, assevera Roberto Dromi: "*Las parcerias público-privadas no han sucedido a las privatizaciones. Su aparición fue una de las respuestas de vários Estados industrializados al crecimiento de la demanda de infraestructura y servicios públicos, la que excedia las posibilidades económico-financieras y administrativas de aquéllos. [...] Las asociaciones público-privadas son en la actualidad una herramienta efectiva para unir esfuerzos públicos y privados a través de la armonización de capacidades técnicas, profesionales, de know how y recursos financieros, con responsabilidades en la administración muchas veces compartidas y una justa y razonable distribución de riesgos y beneficios*" (DROMI, Roberto. *Modernización del control público*. Madri: Hispania Libros, 2005. p. 13-14).

origem ao termo em português "parceria público-privada". Internacionalmente, consagrou-se a sigla PPP.[110]

A internacionalização da parceria público-privada reflete a superação do "Estado provedor", noção do direito administrativo vigente no pré-Segunda Guerra, e marca a convergência do Estado com o investidor privado. Na lição de José Emilio Nunes Pinto, "o desenvolvimento do País requer mais do que uma ação isolada do Estado. Este deve buscar no setor privado o apoio a projetos estruturantes, capazes de abrir uma avenida propícia ao desenvolvimento econômico e social".[111]

Dessa forma, a Lei nº 11.079, de 30 de dezembro de 2004, que "institui normas gerais para licitação e contratação de parceria público-privada no âmbito da administração pública",[112] introduziu a PPP no país, o que traz novas espécies de concessão de serviço ou obra pública.[113] A Lei das PPPs, como é vulgarmente chamada, aplica-se

> aos órgãos da Administração Pública direta, aos fundos especiais, às autarquias, às fundações públicas, às empresas públicas, às sociedades de economia mista e às demais entidades con-

---

[110] STUBER, Walter Douglas. O programa brasileiro de parcerias público-privadas. *Revista Jurídica Consulex*, Brasília, v. 9, n. 194, p. 51, fev. 2005.

[111] PINTO, José Emilio Nunes. Entre os grandes riscos das PPPs, o maior é o político. *Consultor Jurídico*, São Paulo, 3 jan. 2005a. Disponível em: <www.conjur.com.br/2005-jan-03>. Acesso em: 28 set. 2009.

[112] BRASIL. Presidência da República. Lei nº 11.079/2004. Ementa. Brasília, *DOU*, 31 dez. 2004.

[113] Antes da promulgação da Lei nº 11.079, a expressão parceria público-privada era utilizada com sentido diverso. Como salienta Gustavo Binenbojm: "Na verdade, até a edição da Lei nº 11.079/2004, a expressão PPP vinha sendo empregada entre nós em sentido mais amplo – e, por vezes, equívoco –, mercê de influências estrangeiras as mais variegadas, para designar os múltiplos vínculos negociais, de trato continuado, estabelecidos entre a Administração Pública e particulares, com vistas ao desenvolvimento, por estes últimos, de atividades econômicas ou sociais com algum coeficiente de interesse coletivo" (BINENBOJM, Gustavo. As parcerias público-privadas (PPPs) e a Constituição. *Mundo Jurídico*, 30 ago. 2005. Disponível em: <www.mundojuridico.adv.br/sis_artigos/artigos.asp?codigo=153>. Acesso em: 26 jul. 2006).

troladas direta ou indiretamente pela União, Estados, Distrito Federal e Municípios.[114]

O art. 2º da Lei das PPPs define o que é a parceria público-privada, a qual pode ocorrer na modalidade patrocinada ou administrativa. Marçal Justen Filho conceitua a parceria público-privada da seguinte forma:

> Uma PPP é um contrato entre a Administração Pública e um particular, cujo objeto é ou (I) a delegação de serviço público mediante remuneração parcial ou totalmente custeada pelos cofres públicos (concessão subsidiada) ou (II) a execução de uma obra necessária à prestação de um serviço, cujo pagamento se prolongará durante o período de garantia (concessão administrativa).[115]

A Lei das PPPs, em seu art. 2º, define as duas modalidades de concessão nos seguintes termos:

> §1º. Concessão patrocinada é a concessão de serviços públicos ou de obras públicas de que trata a Lei nº 8.987, de 13 de fevereiro de 1995, quando envolver, adicionalmente à tarifa cobrada dos usuários, contraprestação pecuniária do parceiro público ao parceiro privado.

---

[114] Art. 1º, parágrafo único, da Lei nº 11.079/2004.
[115] JUSTEN FILHO, Marçal. As parcerias público-privadas sob fogo cruzado. *Migalhas*, 6 dez. 2004. Disponível em: <www.migalhas.com.br>. Acesso em: 2 ago. 2006. Em outra oportunidade, o autor definiu a parceria público-privada como "um contrato organizacional, de longo prazo de duração, por meio do qual se atribui a um sujeito privado o dever de executar obra pública e (ou) prestar serviço público, com ou sem direito a remuneração, por meio da exploração da infraestrutura, mas mediante uma garantia especial e reforçada prestada pelo Poder Público, utilizável para a obtenção de recursos no mercado financeiro" (JUSTEN FILHO, Marçal. *Curso de direito administrativo*. São Paulo: Saraiva, 2005. p. 549).

§2º. Concessão administrativa é o contrato de prestação de serviços de que a Administração Pública seja a usuária direta ou indireta, ainda que envolva execução de obra ou fornecimento e instalação de bens.

Tanto na concessão comum, regida pela Lei nº 8.987/1995, quanto na concessão patrocinada há concessão de serviços ou obras públicas, mediante pagamento de tarifa pelos usuários. Qual seria a diferença entre as duas? *A concessão patrocinada comporta pagamento de natureza pecuniária por parte da administração pública*, adicionalmente à cobrança de tarifa, o que não é admitido na concessão comum.[116] Além disso, enquanto na concessão comum o concessionário assume os riscos integralmente, a Lei nº 11.079/2004, que rege a concessão patrocinada, por meio do art. 4º, VI, institui a *repartição objetiva de riscos entre as partes*.[117]

Já a concessão administrativa, como diz a lei, é contrato de prestação de serviços em que a administração pública pode figurar como *usuária direta ou indireta*. Por isso, Gustavo Binenbojm visualiza duas subespécies de concessão administrativa constantes da Lei das PPPs:

> [a] concessão administrativa de serviço público, espécie do gênero concessão de serviço público, sendo este prestado diretamente ao usuário, sem cobrança de qualquer tarifa, e sendo o concessionário remunerado por contraprestação pecuniária do Poder Público (em conjunto ou não com outras receitas alternativas). Em tal hipótese, a Administração Pública é de ser

---

[116] No mesmo sentido: BARCELOS SILVA, Marco Aurélio de. Mecanismos de atuação estatal: as parcerias público-privadas (PPPs). *Revista Brasileira de Direito Público*, Belo Horizonte, ano 2, v. 6, p. 129, jul./set. 2004.
[117] BINENBOJM, Gustavo. "As parcerias público-privadas (PPPs) e a Constituição", 2005, op. cit.

considerada a usuária indireta dos serviços, vez que estes são prestados diretamente pela concessionária à população. Este seria o caso, por exemplo, de um serviço de coleta de lixo, sem cobrança de tarifa dos usuários diretos;

(b) a concessão administrativa de serviços ao Estado, espécie do gênero contrato de prestação de serviços, mediante o qual utilidades são oferecidas à própria Administração Pública, sua usuária direta. Aqui, diferentemente, todavia, de um contrato comum de prestação de serviços, exige-se do particular um investimento inicial igual ou superior a R$ 20.000.000,00 (vinte milhões de reais) em obra ou equipamento que sejam essenciais à futura prestação dos serviços.[118]

Sobre essa modalidade de concessão, o autor tece os seguintes comentários:

> A lógica econômica da concessão administrativa de serviços ao Estado prende-se não apenas ao esgotamento da capacidade de endividamento e investimento do Estado, mas também à busca por um aumento do grau de eficiência na gestão de obras e serviços públicos e no dispêndio de recursos oficiais. O prazo mais dilargado (entre 5 e 35 anos) é justificado pela necessidade de amortização diferida do investimento feito pelo parceiro privado, na medida em que os serviços forem sendo prestados. Com efeito, só prazos mais longos na prestação de serviços podem tornar atrativos os investimentos vultosos exigidos do particular. De outro lado, a maior flexibilidade na elaboração do projeto (projeto básico e projeto executivo), a transferência de parte dos riscos do empreendimento e a variabilidade da remuneração conforme os resultados alcançados criam incentivos

---

[118] Ibid.

para a execução das tarefas, com maior eficiência gerencial, pelos parceiros privados. O grave risco ensejado pelas concessões administrativas de serviços ao Estado é o do seu uso com desvio de finalidade. De fato, é possível – ou mesmo previsível – que administradores públicos descompromissados com a moralidade administrativa venham a pretender usar a disciplina jurídica da Lei das PPPs, na modalidade de concessão administrativa de serviços ao Estado, para as mesmas situações em que seria exclusivamente aplicável a disciplina dos contratos administrativos da Lei de Licitações (Lei nº 8.666/1993). É de todo inconcebível que simples contratos de vigilância, de limpeza, de manutenção de equipamentos, ou outros que tais, possam ter prazos de vigência de até 35 (trinta e cinco) anos, sem que qualquer investimento inicial de vulto o justifique.[119]

Ainda com relação à concessão administrativa, cabe destacar a crítica de Celso Antônio Bandeira de Mello:

> Como se vê, é bastante nebulosa a caracterização da parceria nesta modalidade administrativa. Conforme foi dito, a parceria público-privada é legalmente apresentada como modalidade da concessão de serviço público. Relembre-se que o que diferencia a concessão de serviço público de outros contratos de prestação de serviço é o fato do contratado se remunerar mediante a exploração do serviço, por ele mesmo efetuada, normalmente pela cobrança de "tarifas" diretamente dos usuários – conquanto esta não seja necessariamente sua única forma de remuneração. Deveras, o que faz distinto um contrato de prestação de serviços de limpeza pública, por exemplo, de uma concessão do serviço de limpeza pública? O serviço, em si, é o mesmo.

---

[119] BINENBOJM, Gustavo. "As parcerias público-privadas (PPPs) e a Constituição", 2005, op. cit.

A única distinção entre eles é que, no primeiro, o contratado é remunerado pela Administração por prestar tal serviço, não passando de mero executor material, e no segundo o concessionário se remunera cobrando ele próprio sua retribuição dos usuários. É a modalidade de retribuição o que os faz distintos, já que nesta segunda hipótese o desempenho do serviço é transferido ao concessionário, que o presta em nome próprio, por sua conta, risco e perigos, de sorte que não é um simples executor material dele. Bem por isto, ele mesmo é que procede à captação de sua remuneração junto ao público. Normalmente o faz, como dito, pela cobrança de tarifas. Eis por que, a fim de tentar caracterizar dita modalidade como concessão, a lei não teve alternativa senão a de qualificar a Administração Pública como usuária dos serviços prestados, como aquela que paga as tarifas. Foi expressamente nominada como usuária, eventualmente "indireta", expressão rebarbativa, que se propôs a costear o fato evidente de que os verdadeiros usuários obviamente são os administrados e que ela é simplesmente quem remunera o prestador do serviço. Ora, se é a Administração e não o público quem remunera o parceiro privado, aqui se vê novamente uma contradição entre o que é aduzido para justificar a instituição das PPPs – a alegada carência de recursos – e a disposição normativa de fazer com que a Administração assuma dispêndios que poderiam ser poupados com o uso da modalidade comum de concessão. [...] Assim, percebe-se que o que a lei visa, na verdade, por meios transversos, não confessados, é realizar um simples contrato de prestação de serviços – e não uma concessão – segundo um regime diferenciado e muito mais vantajoso para o contratado do que o regime geral dos contratos. Ou seja: quer ensejar aos contratantes privados (os parceiros) nas "concessões" administrativas tanto como nas patrocinadas vantagens e garantias capazes de atender aos mais venturosos sonhos de qualquer contratado. Pretendeu atribuir-lhes os benefícios a seguir indicados e que existem tanto na concessão administrativa quanto na concessão patrocinada, assim como também ofertou aos seus financiadores benefícios surpreendentes" (BANDEIRA DE MELLO, Celso Antônio. As parcerias público-privadas (PPPs)).[120]

A parceria público-privada possibilita uma participação mais efetiva da iniciativa privada nos projetos da administração pública. Dessa forma, vislumbrou-se a PPP para atender, principalmente, aos seguintes objetivos:

> a) economia de custos; b) compartilhamento dos riscos; c) incremento na qualidade dos serviços prestados; d) incremento de receitas; e) implementação de maior eficiência; e f) ganhos econômicos da Administração Pública pela implementação de modelos de sucesso em outras regiões.[121]

Tais benefícios podem ser verificados, especialmente, "em projetos estruturados na área de desenvolvimento urbano em infraestrutura, nos segmentos de saneamento básico, energia elétrica, gás, rodovias, sistemas de irrigação e drenagem, portos e serviços de transporte em geral, entre outros".[122]

O art. 2º, §4º, da Lei nº 11.079/2004 traz algumas restrições aos contratos de parceria público-privada. Segundo Alexandre Santos de Aragão, tais requisitos têm por objetivo que

---

[120] BANDEIRA DE MELLO, Celso Antônio. As parcerias público-privadas (PPPs). *Migalhas*, 12 jan. 2006. Disponível em: <www.migalhas.com.br/dePeso/16,MI20266,71043-As+Parcerias+PublicoPrivadas+PPPs>. Acesso em: 14 jul. 2013. Grifos no original.
[121] SOUZA JR., Lauro Gama e. Sinal verde para a arbitragem nas parcerias público-privadas: a construção de um novo paradigma para os contratos entre o Estado e o investidor privado. *Mundo Jurídico*, 29 ago. 2005. Disponível em: <www.mundojuridico.adv.br/sis_artigos/artigos.asp?codigo=150>. Acesso em: 28 set. 2009.
[122] STUBER, Walter Douglas. "O programa brasileiro de parcerias público-privadas", 2005, op. cit., p. 54. Disponível em: <www.migalhas.com.br/dePeso/16,MI9941,21048-O+programa+brasileiro+de+Parcerias+PublicoPrivadas>. Acesso em: 27 dez. 2013.

as PPPs não sejam vulgarizadas, reservando-as apenas para grandes projetos de infraestrutura, até porque a sua utilização tem que ser feita de forma planejada e fixando-se prioridades, em razão do limite de um por cento da receita corrente líquida que cada Ente tem para o conjunto das suas PPPs (artigos 22 e 28, Lei n. 11.079/2004). O valor e os prazos mínimos e máximos não são, porém, por mais relevantes que sejam, elementos conceituais, nucleares, das parcerias público-privadas, mas sim requisitos que devem ser preenchidos para que o instrumento das PPPs possa ser adotado.[123]

Em comentário ao referido artigo, Celso Antônio Bandeira de Mello assevera que o objeto da parceria público-privada

> será necessariamente a prestação de utilidade ou comodidade material fruível singularmente pelos administrados. Assim, toda tentativa de efetuar parcerias público-privadas tendo como objeto alguma atividade que não seja serviço público seria aberrante, resultando em evidente nulidade do contrato.[124]

Conforme dispõe o art. 3º da Lei nº 11.079/2004, aplica-se *adicionalmente* às concessões administrativas o disposto nos arts. 21, 23, 25 e 27 a 39 da Lei nº 8.987/1995 (Lei de Concessões) e no art. 31 da Lei nº 9.074/1995.[125] O §1º do art. 3º, a seu turno,

---

[123] ARAGÃO, Alexandre Santos de. As parcerias público-privadas (PPPs) no direito positivo brasileiro. *Revista de Direito Administrativo*, Rio de Janeiro, v. 240, p. 122-123, abr./jun. 2005a.
[124] BANDEIRA DE MELLO, Celso Antônio. "As parcerias público-privadas (PPPs)", 2006, op. cit.
[125] "Tais preceptivos são concernentes ao ressarcimento da Administração, por parte do vencedor da licitação, pelos gastos que hajam sido feitos com os estudos, levantamentos ou projetos vinculados à concessão e postos à disposição dos licitantes; às cláusulas essenciais do contrato de concessão; à responsabilidade da concessionária pelos prejuízos que cause ao concedente, usuários ou terceiros; à transferência de concessão e garantias de financiamento; aos poderes do concedente, bem como à possibilidade dos autores

determina a aplicação *subsidiária* da Lei nº 8.987/1995 às concessões patrocinadas. Embora a lei não seja expressa nesse sentido, Celso Antônio Bandeira de Mello defende a aplicação subsidiária da Lei nº 8.987/1995 também às concessões administrativas, quando cabível.[126]

O contrato de parceria público-privada

O art. 5º da Lei nº 11.079/2004 traz as cláusulas essenciais do contrato de parceria público-privada. Conforme o dispositivo, aplica-se adicionalmente o disposto no art. 23 da Lei de Concessões, que prevê as cláusulas essenciais do contrato de concessão.

Merece destaque o inciso III do art. 5º da Lei das PPPs, que elenca como cláusula essencial do contrato de parceria público-privada "a repartição de riscos entre as partes, inclusive os referentes a caso fortuito, força maior, fato do príncipe e álea econômica extraordinária".

Na lição de Fernando S. Marcato e Paulo Henrique Spirandeli Dantas, pode-se fazer uma classificação dos riscos a serem suportados pelas partes em riscos operacionais e extraordinários. Os riscos operacionais estariam relacionados à implementação do projeto, como a entrega da obra, formas de pagamento ou inadimplemento dos usuários. Já os extraordinários seriam aqueles de consequências imprevisíveis e que, em algumas hipóteses, inviabilizam a obra ou operação. Como exemplo, podem-se citar catástrofes naturais ou alterações econômicas drásticas. Segundo os autores, os riscos extraordinários constam na lei como "caso fortuito, força maior, fato do príncipe e álea econômica extraordinária".[127]

---

ou responsáveis economicamente pelo projeto básico ou executivo de participarem da licitação ou da execução de obras e serviços" (ibid.).
[126] Ibid.
[127] Explicam Marcato e Dantas: "Na Lei das PPPs, porém, a aplicação do conceito de manutenção do equilíbrio econômico-financeiro não está clara. Como o artigo 5º, inciso

Em comparação às concessões comuns, como visto, a participação do Estado na parceria público-privada minimiza os riscos do empresário interessado. No entanto, no entendimento de Lauro Gama e Souza Jr., restam os riscos políticos, financeiros, operacionais, regulatórios e jurídicos. Aduz o autor:

> O modelo brasileiro incorporou à PPP um risco adicional: o "risco motivacional", decorrente da confessada penúria financeira da Administração Pública, em todos os níveis, para investimentos em projetos de interesse público, e que pode vir a comprometer, no futuro, a sua capacidade de ressarcimento do investidor privado.[128]

José Emilio Nunes Pinto traz leque distinto de riscos envolvidos no projeto de PPP. Explica que o risco político representa o primeiro e maior risco associado ao país hospedeiro. Tal risco estaria relacionado ao "fato do príncipe", a mudanças de lei, a decisões judiciais transitadas em julgado ou a atos administrativos. Sobre a previsão dos riscos políticos na Lei das PPPs, assevera o autor:

> Muito embora tenha preferido, a nosso ver muito corretamente, não estabelecer de antemão regras sobre o assunto, optou, no

---

III, determinou que tanto os riscos extraordinários quanto os operacionais devem ser repartidos, o parceiro privado ao ingressar em uma PPP, em tese, não terá condições de mensurar completamente as contingências caso tenha que concorrer nos riscos extraordinários. Assim, se não houver um mecanismo regulamentar ou contratual que permita a previsão e, eventualmente, a limitação de riscos extraordinários, o parceiro particular pode ser obrigado a incluir em sua proposta custos elevados com seguro e garantias, encarecendo demasiadamente a obra. Caso contrário, é grande a possibilidade de interrupção do projeto por incapacidade econômica e financeira do particular" (MARCATO, Fernando S.; DANTAS, Paulo Henrique Spirandeli. A divisão de riscos extraordinários nas PPPs. Migalhas, 2 fev. 2005. Disponível em: <www.migalhas.com.br>. Acesso em: 26 jul. 2006).

[128] SOUZA JR., Lauro Gama e. "Sinal verde para a arbitragem nas parcerias público-privadas", 2005, op. cit.

entanto, por deferir ao respectivo contrato a tarefa de tratar da repartição entre as partes dos riscos referentes ao fato do príncipe e à área econômica extraordinária, assim como os efeitos do caso fortuito e da força maior. Quando afirmamos que andou bem o legislador ao deferir ao contrato a solução dessas questões, quisemos enfatizar que, na área de PPPs, como nos projetos em geral, não há contratos-padrão. Dentro dos limites previstos em lei, cada contrato há de convir, apenas e tão somente, à operação a que se refira. Pensar em padronizar um contrato para toda e qualquer operação é tarefa que tende a demonstrar-se inútil ou, pelo menos, com efeitos bastante duvidosos. Cada caso conterá aspectos próprios que deverão ser levados em conta pelas partes. Para tanto, um dos pressupostos da Lei é que haja uma repartição objetiva de riscos entre as partes. E isso parece suficiente.[129]

Há também o risco ambiental – decorrente da necessidade de obter licenças ambientais para cada fase do projeto –, o qual foi mitigado pela lei brasileira, pois a abertura do procedimento licitatório está condicionada à apresentação prévia da licença ambiental. Além disso, há o risco regulatório, que traduz a possibilidade de intervenção da agência reguladora do setor envolvido, e o risco contratual, que pode ser atenuado pela apresentação da minuta do contrato no edital de licitação.[130]

Sobre as relações contratuais no âmbito das PPPs, assevera Gustavo Henrique Justino de Oliveira:

> [...] o vetor da paridade das relações contratuais em ajustes que visem atingir tais desideratos parece ser a tônica da nova

---

[129] PINTO, José Emilio Nunes. "Entre os grandes riscos das PPPs, o maior é o político", 2005a, op. cit.
[130] Ibid.

contratualização administrativa. Essa paridade é manifestada notadamente na fase pré-negocial (negociações preliminares) e na fase de formação dos contratos que correspondam a esse novo perfil, como é o caso da PPP. Também nas fases de execução e extinção desses contratos a tendência – em razão da própria noção de parceria – caminha para novas bases consensuais e paritárias, com a possibilidade de redução do feixe de poderes unilaterais pela Administração, até hoje largamente utilizados no transcurso das relações contratuais. Entretanto, é mister enfatizar que tais considerações não transmudam a PPP em um contrato de direito privado. Longe disso, por ser uma espécie de contrato administrativo, dele farão parte cláusulas que assegurem à Administração exercer sua potestade na proporção necessária ao resguardo dos interesses públicos envolvidos.[131]

José Emilio Nunes Pinto identifica dois "C" nas parcerias público-privadas: o "C" de cultura e o "C" de criatividade. Para o autor, as PPPs visam ao suprimento das necessidades dos indivíduos por meio da concretização de empreendimentos que só são implementáveis pela parceria público-privada, devido às restrições orçamentárias do Estado e aos altos riscos que o agente privado não é capaz de suportar. Tal parceria marcou o surgimento de uma nova *cultura* no escopo das relações público-privadas, uma vez que a antiga desconfiança que marcava as relações entre a administração e os particulares é deixada de lado. A *criatividade*, a seu turno, se faz necessária na análise da maneira mais eficaz de implementar a PPP no Brasil. Antes de buscar os modelos internacionais, deve-se *tropicalizar* a PPP.[132]

---

[131] OLIVEIRA, Gustavo Henrique Justino de. A arbitragem e as parcerias público-privadas. *Revista de Direito Administrativo*, Rio de Janeiro, v. 241, p. 255-256, jul./set. 2005.
[132] PINTO, José Emilio Nunes. Os dois "C" das PPPs. *Mundo Jurídico*, 1 set. 2005d. Disponível em: <www.mundojuridico.adv.br>. Acesso em: 25 jul. 2006.

Garantias

As garantias das obrigações pecuniárias contraídas pela administração pública no contrato de PPP estão previstas no art. 8º da Lei nº 11.079. Sobre a constitucionalidade do referido dispositivo, Gustavo Binenbojm tece os seguintes comentários:

> Em uma primeira leitura, o vício de inconstitucionalidade formal parece evidente. Deveras, sendo a Lei nº 11.079/2004 uma lei ordinária, a exigência do art. 163, caput, e III, da Carta Política teria sido desatendida. Há, no entanto, duas interpretações alternativas que poderiam salvar o art. 8º da Lei nº 11.079/2004. A primeira, aquela que sustenta ter a Lei nº 11.079/2004 apenas regulamentado a Lei Complementar nº 101/200 (Lei de Responsabilidade Fiscal), com o que estaria satisfeita a exigência constitucional. E a segunda, aquela segundo a qual o art. 8º não trata da concessão de garantias por entidades públicas (referidas no caput do art. 163 da Constituição), mas sim por uma entidade privada, que é o Fundo Garantidor das Parcerias Público-Privadas (FGP). Seja como for, a simples existência de uma suspeita de inconstitucionalidade já pode representar um elemento problemático de risco e insegurança para os investidores privados. Assim, é recomendável o encaminhamento de um projeto de lei complementar ao Congresso que venha a espancar dúvidas acerca da firmeza das garantias oferecidas pelos parceiros públicos em contratos de PPP.[133]

Walter Douglas Stuber sintetiza o referido dispositivo e o compara com a Lei de Licitações e Lei de Concessões, como segue:

---

[133] BINENBOJM, Gustavo. "As parcerias público-privadas (PPPs) e a Constituição", 2005, op. cit.

As obrigações pecuniárias contraídas pela Administração Pública em contrato de PPP poderão ser garantidas mediante: (i) vinculação de receitas, observado o disposto na Constituição Federal; (ii) instituição ou utilização de fundos especiais previstos em lei; (iii) contratação de seguro-garantia com as companhias seguradoras que não sejam controladas pelo Poder Público; (iv) garantia prestada por organismos internacionais ou instituições financeiras que não sejam controladas pelo Poder Público; (v) garantias prestadas por fundo garantidor ou empresa estatal criada para essa finalidade; e (vi) outros mecanismos admitidos em lei. A Lei nº 8.666, de 21 de junho de 1993, permite ao contratado optar por uma das seguintes modalidades de garantia: (i) caução em dinheiro ou títulos da dívida pública, devendo estes ter sido emitido sob a forma escritural, mediante registro em sistema centralizado de liquidação e custódia autorizado pelo Banco Central do Brasil e avaliados pelos seus valores econômicos, conforme definido pelo Ministério da Fazenda; (ii) seguro-garantia; e (iii) fiança bancária. Consoante a Lei nº 8.987/1995, nos contratos de financiamento, as concessionárias poderão oferecer em garantia os direitos emergentes da concessão, até o limite que não comprometa a operacionalização e a continuidade da prestação do serviço.[134]

Em defesa da sistemática de garantias da Lei nº 11.079/2004, fez-se interessante comparação: por um lado, na Inglaterra, o simples fato de haver obrigação contratual que vincule o governo já constitui garantia suficiente para o particular, pois o governo britânico é excelente pagador. No Brasil, por outro lado, há uma tradição de descontinuidade entre os governos, ou seja, quando o novo governante assume, há alguma *insegurança* acerca

---

[134] STUBER, Walter Douglas. "O programa brasileiro de parcerias público-privadas", 2005, op. cit.

do cumprimento das obrigações contratadas pelo governante anterior. Por isso, as garantias da parceria público-privada brasileira devem ser capazes de oferecer a *certeza* do cumprimento das obrigações contratuais, *independentemente do governo*.[135] Só assim o investidor terá segurança – deve-se lembrar que, conforme prevê o art. 5º, I, da lei em tela, o contrato pode ter vigência de até *35 anos*.

Sobre cada garantia prevista no contrato de PPP, ressaltem-se as seguintes observações:

> A vinculação de receitas deve ser realizada observando-se as limitações constitucionais, que impedem a vinculação da receita de impostos. Entretanto, as receitas decorrentes dos demais tributos e de outras fontes da Administração Pública poderão ser vinculadas para garantir as obrigações assumidas. Os fundos especiais previstos em lei, ou que sejam constituídos mediante autorização legislativa, também poderão garantir as obrigações da Administração Pública, sendo utilizadas as receitas que estejam legalmente vinculadas à realização dos seus objetivos.
>
> Quanto ao seguro-garantia, este deve ser contratado com companhias seguradoras que não sejam controladas pelo Poder Público e representa uma interessante, se custosa, garantia sob o ponto de vista da liquidez e dos riscos por ele cobertos. Em termos gerais, o seguro-garantia destina-se a cobrir os riscos relacionados ao cumprimento de obrigações por parte do segurado, no caso a Administração Pública. Ocorrendo um sinistro, a seguradora pagará ao beneficiário o valor da indenização correspondente à obrigação que não foi cumprida.

---

[135] MOURA, Marcelo Viveiros de; CASTRO, Décio Pio Borges de. A importância das garantias para o sucesso da parceria público-privada (PPP). *Boletim Informativo Pinheiro Neto Advogados*, Rio de Janeiro, n. 1844, p. 4, 13 jan. 2005. Disponível em: <www.migalhas.com.br>. Acesso em: 26 jul. 2006.

Outro aspecto vantajoso do seguro é a possibilidade de designar os financiadores diretamente como beneficiários nas apólices, ao invés dos próprios parceiros privados. Curioso notar que esta modalidade de seguro, exigida pela Administração Pública em suas licitações, agora, no regime das PPPs, poderá ser oferecida pela Administração Pública em favor dos parceiros ou financiadores privados. Obviamente, tanto maior será o custo de obtenção desse seguro-garantia quanto maior for o risco de inadimplemento do órgão da administração pública com quem se estiver contratando.

Caso a Administração Pública obtenha garantias por parte de órgãos internacionais de financiamento, tais como o Banco Interamericano de Desenvolvimento – BID, a Organização para a Cooperação Econômica e Desenvolvimento – OCDE, a Corporação Financeira Internacional – IFC, o Banco Japonês para a Cooperação Internacional – JBIC ou a Multilateral Investment Guarantee Agency – MIGA, ou de bancos privados que não sejam controlados pelo Poder Público, desde que respeitadas as regras aplicáveis ao contingenciamento de crédito ao setor público, definidas pelo Conselho Monetário Nacional e emitidas pelo Banco Central do Brasil, tais garantias poderão ser oferecidas também aos financiadores dos projetos de PPPs.

A prestação de garantia em projetos de PPP por fundo garantidor constituído para esse fim mereceu disposições específicas na Lei das PPPs, que estabeleceu as regras aplicáveis ao Fundo Garantidor de Parcerias Público-Privadas – FGP. [...] Quando a Lei das PPPs determina que outros mecanismos legalmente admitidos poderão ser utilizados como garantia às obrigações da Administração Pública, identificamos uma preciosa "janela legal" que os legisladores sabiamente deixaram aberta. Isto porque a possibilidade de adoção de quaisquer mecanismos de garantias legalmente aceitos confere flexibilidade suficiente para atender às peculiaridades de cada caso concreto.[136]

José Emilio Nunes Pinto destaca a importância das garantias e da formação do fundo garantidor (que será analisado a seguir) para que se quebre a desconfiança mútua entre as partes e se mitigue o risco de inadimplemento por parte do parceiro estatal. Como mostra o autor, "o Estado sempre se caracterizou por ser um mau pagador, no sentido de que as obras e serviços devem ser concluídos no tempo e forma ajustados e os prazos não podem ser dilatados em razão da conveniência administrativa".[137] Sem intenção de ofender o Estado, o autor conclui que os mecanismos de garantias da lei têm por objetivo proteger os interesses públicos e particulares.[138]

O financiamento do empreendimento constitui questão de suma importância nas parcerias público-privadas. Ainda que a parte privada custeie a execução do empreendimento, o Estado deve prestar garantia de que suportará o montante necessário para o pagamento da dívida. "Essa garantia é utilizada pelo particular perante o sistema financeiro, de modo a reduzir os custos."[139]

Sociedade de propósito específico

Deve-se constituir uma sociedade de propósito específico (SPE) previamente à celebração da parceria público-privada. Tal sociedade será responsável pela implantação e pela gestão do

---

[136] MOURA, Marcelo Viveiros de; CASTRO, Décio Pio Borges de. "A importância das garantias para o sucesso da parceria público-privada (PPP)", 2005, op. cit., p. 4.
[137] PINTO, José Emilio Nunes. "Entre os grandes riscos das PPPs, o maior é o político", 2005, op. cit.
[138] Ibid.
[139] JUSTEN FILHO, Marçal. *Curso de direito administrativo*, 2005, op. cit., p. 550.

objeto do contrato. A SPE poderá ser uma companhia aberta, sendo que a administração não pode ser titular da maioria do capital votante da sociedade, a não ser que a aquisição ocorra por meio de instituição financeira controlada pelo Estado, na hipótese de inadimplemento de contratos de financiamento, quando tal instituição for financiadora da parceria público-privada. Somente mediante autorização expressa da administração pública, conforme disposto no edital e no contrato, a transferência de controle da SPE é possível.[140]

É de suma importância que a autorização para a transferência seja atrelada ao cumprimento de requisitos e condições previamente estabelecidos exaustivamente. Tal medida traria segurança aos financiadores, pois impossibilitaria que a transferência fosse casuisticamente negada.[141]

Licitação

Conforme disposto no art. 10 da Lei das PPPs, a contratação da parceria público-privada deve ser precedida de licitação na modalidade de concorrência. Para José dos Santos Carvalho Filho, as normas de licitação previstas na lei em tela têm aplicabilidade primária, mas sem prejuízo da aplicabilidade subsidiária da Lei de Licitações e da Lei de Concessões.[142]

Alexandre Santos de Aragão explicita quais seriam as disposições da Lei nº 8.987/1995 aplicáveis às parcerias público-privadas:

---

[140] STUBER, Walter Douglas. "O programa brasileiro de parcerias público-privadas", 2005, op. cit.
[141] MOURA, Marcelo Viveiros de; CASTRO, Décio Pio Borges de. "A importância das garantias para o sucesso da parceria público-privada (PPP)", 2005, op. cit.
[142] CARVALHO FILHO, José dos Santos. *Manual de direito administrativo*. 13. ed. Rio de Janeiro: Lumen Juris, 2005.

[...] critérios de julgamento pela menor tarifa e de menor tarifa combinado com o de melhor técnica (art. 15, I e V, Lei n. 8.987/1995), desclassificação de propostas inexequíveis (art. 15, §3º, Lei n. 8.987/95), desempate em favor de empresas brasileiras (art. 15, §4º, Lei n. 8.987/95), as cláusulas necessárias do edital (art. 18, Lei n. 8.987/95), as regras para a participação de consórcios (art. 19, Lei n. 8.987/95) e o ressarcimento pelo vencedor da licitação das despesas havidas pelo Estado com a elaboração de projetos para aquele contrato (art. 21, Lei n. 8.987/1995).[143]

A parceria público-privada não pode ser encarada como meio de captação de recursos para a administração pública. Deve-se buscar o menor encargo possível para os cofres públicos, havendo possibilidade de diálogo entre o poder público e os investidores privados. A sociedade, a seu turno, deve ter controle sobre a PPP, que deve ter transparência. Isso significa que a flexibilidade na licitação da parceria público-privada não pode dar margem a fraudes.[144]

O Fundo Garantidor de Parcerias Público-Privadas (FGP)

O Fundo Garantidor de Parcerias Público-Privadas (FGP), previsto no art. 16 da Lei nº 11.079/2004, tem por finalidade prestar garantia do pagamento de obrigações pecuniárias assumidas pelo parceiro estatal. A União, suas autarquias e fundações públicas estão autorizadas a participar no limite global de R$ 6 bilhões. A partir da redação dada pela Lei nº 12.409/2011,

---

[143] ARAGÃO, Alexandre Santos de. "As parcerias público-privadas (PPPs) no direito positivo brasileiro", 2005a, op. cit., p. 133.
[144] JUSTEN FILHO, Marçal. "As parcerias público-privadas sob fogo cruzado", 2004, op. cit.

também estão autorizadas a participar no mesmo limite global monetário as empresas estatais dependentes da União.

Em princípio, o FGP não estaria sujeito a limitações da administração pública que não estejam relacionadas às garantias do contrato de PPP, em função de sua *natureza privada*. Dessa forma, o FGP poderá regressar contra o parceiro estatal inadimplente, pois ficará sub-rogado do direito de crédito do parceiro privado após o pagamento da dívida.[145]

Uma instituição financeira controlada pela União será encarregada pela administração do fundo garantidor.[146] Tal instituição tem o dever de zelar pela rentabilidade e pela liquidez do FGP.[147]

O antigo art. 18 da lei previa que

> as garantias do FGP serão prestadas proporcionalmente ao valor da participação de cada cotista, sendo vedada a concessão de garantia cujo valor presente líquido, somado ao das garantias anteriormente prestadas e demais obrigações, supere o ativo total do FGP.

Sobre a constitucionalidade do dispositivo, cumpre observar os comentários de José Virgílio Lopes Enei e Evandro Pontes:

---

[145] NUNES, Pedro Augusto da Cruz; BATISTA, Felipe de Queiroz; OLIVEIRA, Juliana Araújo de. O Fundo Garantidor das Parcerias Público-Privadas (FGP). *Migalhas*, 11 fev. 2005. Disponível em: <www.migalhas.com.br>. Acesso em: 25 jul. 2006.
[146] "Regulamentando esse artigo [art. 17 da Lei nº 11.079/2004], o CMN editou a Resolução nº 3.289 em 03/05/2005, que dispôs que essa instituição financeira estará sujeita às regras da CVM relativas à administração de carteira de valores mobiliários. Atualmente, este tema é regulado pela Instrução CVM nº 306, de 05/05/99" (ENEI, José Virgílio Lopes; PONTES, Evandro. Enfoque jurídico na administração do Fundo Garantidor de Parcerias Público-Privadas – FGP. *Migalhas*, 17 ago. 2005. Disponível em: <www.migalhas.com.br>. Acesso em: 1 ago. 2006).
[147] NUNES, Pedro Augusto da Cruz; BATISTA, Felipe de Queiroz; OLIVEIRA, Juliana Araújo de. "O Fundo Garantidor das Parcerias Público-Privadas (FGP)", 2005, op. cit.

Poderia [...] uma lei autorizar a criação de um fundo de natureza privada para receber bens e ativos pertencentes à União Federal e outros entes federativos, os quais serão ofertados em garantia a investidores privados, livre das amarras do precatório e do princípio da impenhorabilidade dos bens públicos? Embora reconhecendo a controvérsia, cuja resolução caberá em última instância ao Poder Judiciário, cremos que sim, não só pelas mesmas razões que autorizam os entes federativos a conferir bens e recursos em aumento de capital de sociedades estatais, que então podem oferecê-los em garantia segundo o regime de direito privado às quais estão sujeitas (CF, art. 173, II), como também pela necessidade de se interpretar sistemática e teleologicamente a lei e a Constituição, frente à realidade contemporânea.[148]

Também defendendo a constitucionalidade do dispositivo, assevera Gustavo Binenbojm:

> O óbice de natureza constitucional que tem sido oposto ao mecanismo do fundo garantidor tem por fundamento o art. 100 da Constituição, que institui o sistema de precatórios judiciais como forma de execução das dívidas do Poder Público e impõe a sua liquidação na ordem cronológica da sua apresentação. A execução direta de bens e direitos do fundo garantidor – alega-se – estaria fraudando o regime constitucional dos precatórios. *Aqui não se vislumbra qualquer vício.* A uma, porque seria legítimo ao Poder Público desafetar determinado bem imóvel de seu patrimônio e dá-lo em garantia de um contrato. A desafetação do bem importa a possibilidade de disposição do bem, o que se pode fazer mediante as formas contratuais admitidas pelo

---

[148] ENEI, José Virgílio Lopes; PONTES, Evandro. "Enfoque jurídico na administração do Fundo Garantidor de Parcerias Público-Privadas – FGP", 2005, op. cit.

direito. A constituição de uma hipoteca, por exemplo, seria uma forma válida de garantir um contrato de que o Poder Público fosse parte. A duas, porque a fórmula da constituição de uma entidade de direito privado para funcionar como fundo garantidor é absolutamente legítima e respaldada pelo art. 173, §1º, inciso II, da Carta da República. Nada impede, de fato, que o Poder Público constitua uma empresa pública ou uma sociedade de economia mista (ou uma subsidiária dessas entidades) cujo objeto social seja o de garantir determinados projetos, concebidos no formato de PPP. Trata-se de um aspecto da atividade de fomento, que pode ser desempenhada por pessoas estatais de direito privado [...].[149]

O *caput* deste dispositivo, contudo, hoje apresenta nova redação, dada pela Lei nº 12.409/2011: "Art. 18. O estatuto e o regulamento do FGP devem deliberar sobre a política de concessão de garantias, inclusive no que se refere à relação entre ativos e passivos do Fundo". A mesma lei inseriu o §8º, que dispõe: "O FGP poderá usar parcela da cota da União para prestar garantia aos seus fundos especiais, às suas autarquias, às suas fundações públicas e às suas empresas estatais dependentes".

Arbitragem no âmbito das parcerias público-privadas

Conforme pesquisa realizada por Selma Lemes,[150] os primeiros contratos de concessão de serviços e obras públicas datam do Império. As concessões mais utilizadas eram nos setores portuários, estradas de ferro, serviços urbanos, entre outros.

---

[149] BINENBOJM, Gustavo. "As parcerias público-privadas (PPPs) e a Constituição", 2005, op. cit., grifo nosso.
[150] LEMES, Selma Maria Ferreira. *Arbitragem na administração pública*: fundamentos jurídicos e eficiência econômica. São Paulo: Quartier Latin, 2007. p. 63.

Em 1921, observa-se que a Câmara Municipal de Sete Lagoas celebrou contrato para fornecimento de energia elétrica destinada à iluminação pública, ao abastecimento de luz e força motora em que havia a previsão de arbitragem. Em 1923, registra-se uma arbitragem para resolver litígio decorrente da concessão da estrada de ferro Madeira-Mamoré. Assim, observa-se que o uso de arbitragem no setor público não é tema novo no direito brasileiro.

Diogo de Figueiredo Moreira Neto[151] defende que a teoria dos fins, para distinguir os interesses primários (de império) dos secundários (de gestão), parece ser a mais indicada para definir a existência ou não da disponibilidade administrativa de interesses e de seus correlatos direitos.

Conforme expõe Selma Lemes, os interesses públicos primários são indisponíveis, e, por sua vez, os interesses públicos derivados têm natureza instrumental e existem para operacionalizar aqueles, com características patrimoniais, por isso são disponíveis e suscetíveis de apreciação arbitral.[152]

Complementa a autora:

> [...] pode-se aferir que disponibilidade de direitos patrimoniais não se confunde com indisponibilidade de interesse público. Destarte [...] indisponível é o interesse público primário, não o interesse da Administração. Este entendimento já se encontra sedimentado na doutrina brasileira, sendo de observar que Celso A. BANDEIRA DE MELLO esclarece que os interesses públicos secundários só são atendíveis quando coincidentes com os interesses públicos primários. Esta explicação assume proporções relevantes, pois demonstra que os interesses públi-

---

[151] MOREIRA NETO, Diogo de Figueiredo. A arbitragem nos contratos administrativos. *Revista de Direito Administrativo*, n. 209, p. 85, jul./ set. 1997.
[152] LEMES, Selma Maria Ferreira. *Arbitragem na administração pública*, 2007, op. cit., p. 131.

cos da Administração (derivados) servem e operacionalizam os interesses públicos primários.[153]

Fazendo menção a Eros Roberto Grau, a autora esclarece[154] que a (in)disponibilidade de direitos patrimoniais não encontra correlação com a (in)disponibilidade do interesse público, pois "a disponibilidade de direitos significa a disponibilidade para aliená-los e é sabido que a Administração, ainda que encontre vedação para alienação de determinados bens, está livre para dispor em relação a outros".

Conclui-se que o interesse público derivado, portanto, patrimonial, é o interesse da administração. Assim, reitere-se, há duas espécies de interesse público: o primeiro refere-se ao interesse público originário que interessa a todos e é indisponível, e o segundo é o interesse público secundário ou derivado, com nítido escopo patrimonial, que só interessa à administração.[155]

Nesse sentido, afirma Selma Lemes:

> Por conseguinte, se a teor da Lei n. 9.307, de 1996, direitos patrimoniais disponíveis são arbitráveis e os interesses patrimoniais da Administração são disponíveis, com clareza mediana conclui-se que a Administração Pública pode dispor desta forma de solução de controvérsias também na acepção da arbitrabilidade objetiva.[156]

A implementação da parceria público-privada, no Brasil, se relaciona à busca do entendimento, ao consenso entre a parte estatal e a parte privada. A tendência atual aponta para a flexibilização da supremacia do Estado contratante em prol de uma

---
[153] Ibid., p. 133-134.
[154] Ibid., p. 134.
[155] Ibid., p. 274-275.
[156] Ibid., p. 141.

colaboração com o particular. Dessa forma, a opção do legislador pela arbitragem, ao dispor no art. 11, III, da Lei das PPPs, que o instrumento convocatório da licitação poderá prever "o emprego dos mecanismos privados de resolução de disputas, inclusive a arbitragem, a ser realizada no Brasil e em língua portuguesa, nos termos da Lei nº 9.307, de 23 de setembro de 1996, para dirimir conflitos decorrentes ou relacionados ao contrato", coaduna-se com a busca pela maior previsibilidade dentro das relações negociais envolvendo o Estado. Eduardo Talamini entende que a possibilidade de adoção da arbitragem no âmbito das parcerias público-privadas *independe* do dispositivo citado e afirma:

> [...] no novo contexto de atuação conjunta dos setores público e privado merece destaque uma via de composição de conflitos cuja implementação, definição de julgadores e as balizas internas de desenvolvimento, dentro de certos limites, advêm igualmente do consenso entre as partes. Poderão ser escolhidos como árbitros profissionais com conhecimento técnico específico das matérias envolvidas no litígio. Além disso, respeitadas as garantias fundamentais do processo, será viável a adoção de um procedimento dinâmico e eficiente, consentâneo com as peculiaridades do caso e apto a produzir uma solução mais rápida e adequada.[157]

No entanto, se considerarmos a discussão doutrinária e jurisprudencial que já se travou sobre o tema da arbitrabilidade nos contratos administrativos, a previsão expressa da arbitragem pacifica a questão aos olhos dos investidores, os quais, certa-

---

[157] TALAMINI, Eduardo. Idioma e local da arbitragem sobre PPP. *Migalhas*, 25 jan. 2005. Disponível em: <www.migalhas.com.br/mostra_noticia_articuladas.aspx?op=true&cod=9546>. Acesso em: 28 set. 2009.

mente, possuem predileção por esse método de solução de controvérsias. Sobre o assunto, Amanda Brisolla Fernandes afirma:

> A inclusão deste dispositivo agradou bastante aos investidores que, além de desejarem o fiel cumprimento do contrato, são conhecedores da lentidão do Judiciário brasileiro e veem na arbitragem a forma mais célere para resolução de eventuais conflitos. Além da celeridade, a faculdade de se optar pela arbitragem possui outras vantagens, como a escolha, pelas partes, dos árbitros, que sejam especialistas no assunto a ser discutido na demanda (os quais não precisam ser necessariamente advogados), o que torna mais rápido o procedimento e mais técnica a decisão proferida. Em um país no qual constantemente ressurgem as discussões quanto à possibilidade da participação de entes públicos como parte nas arbitragens, a Lei das PPPs tem papel fundamental, pois a previsão legal deste instituto funciona como uma autorização para que o Estado possa figurar como parte em uma demanda arbitral.[158]

Ainda com relação à arbitragem no contrato administrativo, destaca Selma Lemes:

> [...] a arbitragem como instrumento jurídico repercute favoravelmente na economia do contrato administrativo (à luz dos princípios jurídicos) e gera eficiência para a contratante (Administração), para o contratado (agente privado) e para a sociedade, ao propiciar a redução no custo de transação. Portanto, a arbitragem é enfocada não apenas como um negócio jurídico, mas também econômico e financeiro.[159]

---

[158] FERNANDES, Amanda Brisolla. Arbitragem e aspectos da cláusula arbitral no âmbito das PPPs. *Migalhas*, 24 jan. 2006. Disponível em: <www.migalhas.com.br/mostra_noticia_articuladas.aspx?op=true&cod=20219>. Acesso em: 28 set. 2009.
[159] LEMES, Selma Maria Ferreira. *Arbitragem na administração pública*, 2007, op. cit., p. 197.

Após estudo comparado, a autora destaca que a arbitragem desenvolve esse papel tanto no Brasil quanto no Chile.

A questão, de fato, pode suscitar dissabores no surgimento de litígio. Na jurisprudência arbitral internacional, podem ser encontrados casos em que os contratantes estatais tentaram se esquivar da cláusula compromissória celebrada livremente devido à ausência de autorização específica para tal prevista na lei aplicável ao litígio (de modo geral, escolhe-se a lei do Estado contratante).

Como exemplo, pode-se citar o caso julgado pela Corte Internacional de Arbitragem da Câmara de Comércio Internacional (CCI) nº 6.162/1990. A parte autora, França, ingressou com a demanda arbitral em face de parte estatal egípcia. O acordo celebrado entre as partes previa como lei aplicável ao mérito a *egípcia*. A ré arguiu a *nulidade* da cláusula compromissória, alegando que a lei egípcia não trazia autorização expressa para que um ente estatal celebrasse cláusula arbitral. Os árbitros, no entanto, entenderam que a lei egípcia não trazia nenhuma *restrição* para que o Estado se submetesse à arbitragem e decidiram pela validade da cláusula compromissória e pela competência do tribunal arbitral.[160]

José Emilio Nunes Pinto lembra que nem toda controvérsia no âmbito das PPPs poderá ser dirimida pela via arbitral, pois algumas questões podem envolver direitos indisponíveis.

---

[160] Excertos do original: "*Defendant contends that the arbitrator has no jurisdiction, as the arbitration clause is null and void. According to defendant, under Egyptian law, the parties may submit a dispute to arbitration, only if a legal provision expressly permits them to resort to arbitration. [...] Assuming that one should refer to the law applicable to the merits of the case (i.e., to Egyptian law), as suggested by some writers, to determine whether claimant may freely dispose of its rights, the arbitrator notes that defendant never contended that Egyptian law would restrict in any way claimant to dispose of its rights. The arbitrator finds that claimant may freely dispose of its rights as required by Art. 5 of the Convention*" (ARNALDEZ, Jean-J.; DERAINS, Yves; HASCHER, Dominique. *Collection of ICC arbitral awards*: 1991-1995. Paris: Kluwer Law and Taxation, 1997. p. 76-81).

Ainda assim, a arbitragem pode ter grande aplicabilidade. Nas palavras do autor:

> O universo de questões e controvérsias que, por sua natureza própria, permite o uso da arbitragem é bastante grande em projetos dessa natureza. E essa é a visão dos financiadores e investidores privados. As cláusulas exorbitantes da Administração, nos contratos administrativos, são, na sua essência, excepcionais e, desde que invocadas e aplicadas com parcimônia, restarão de incidência menos frequente. No entanto, e não se veja nisso nenhuma manifestação de pessimismo, operações dessa natureza geram controvérsias de natureza mais variada e que podem, e devem, ser legítima e legalmente dirimidas por arbitragem. A escolha da arbitragem como meio extrajudicial de solução de controvérsias, nos contratos de PPP, exigirá cuidado extremo na redação da respectiva cláusula compromissória. É essencial que asseguremos a inserção de cláusulas que permitam, quando do surgimento da controvérsia, a instauração da arbitragem, evitando-se, dessa forma, que as partes vejam frustrada a sua intenção. No mais, chama-se especial atenção para o cuidado que deva ser tomado na elaboração de mecanismos escalonados ou multietapas de solução de controvérsias, de vez que esses requerem precisão para que possam ser integralmente implementados.[161]

Cumpre observar que a lei federal não detalhou como seria o procedimento arbitral, como consta da lei mineira (Lei Estadual nº 14.868/2003),[162] a qual prevê a arbitragem institucional

---

[161] PINTO, José Emilio Nunes. "Entre os grandes riscos das PPPs, o maior é o político", 2005a, op. cit.
[162] "Art. 13. Os instrumentos de parceria público-privada previstos no art. 11 desta Lei poderão estabelecer mecanismos amigáveis de solução de divergências contratuais, inclusive por meio de arbitragem. §1º. Na hipótese de arbitragem, os árbitros serão

regida pelo regulamento da instituição escolhida. De acordo com Caio Campello de Menezes e Antonio Henrique Monteiro

> Fato é que, não obstante as restrições acima mencionadas, nenhuma das Leis de PPPs faz referência à(s) câmara(s) de arbitragem que seriam responsáveis pela administração do procedimento arbitral, o que acaba criando um sem-número de discussões, notadamente de ordem prática. Como é sabido, as partes podem optar por uma arbitragem ad hoc, inteiramente administrada e decidida pelo(s) próprio(s) árbitro(s), ou por uma arbitragem institucional, ou seja, que tenha o seu processamento administrado por uma câmara de arbitragem, e segundo as suas regras. A administração e supervisão de uma arbitragem constitui uma prestação de serviço tanto às partes quanto aos árbitros. [...] A discussão que se propõe aqui é ponderar se as próprias Leis de PPPs (Federal e Estaduais) deveriam prever que a escolha da câmara de arbitragem administradora das arbitragens entre a administração e o particular fosse feita através de um processo licitatório, por se tratar de uma prestação de serviço, ou se a licitação estaria dispensada ou seria inexigível por se tratar de uma das hipóteses excetuadas pela Lei de Licitação.[163]

Para que não sejam suscitadas dúvidas a esse respeito, talvez se torne necessária uma emenda ao art. 11, III, da Lei das PPPs.

---

escolhidos dentre pessoas naturais de reconhecida idoneidade e conhecimento da matéria, devendo o procedimento ser realizado de conformidade com regras de arbitragem de órgão arbitral institucional ou entidade especializada. §2º. A arbitragem terá lugar na Capital do Estado, em cujo foro serão ajuizadas, se for o caso, as ações necessárias para assegurar a sua realização e a execução da sentença arbitral" (MINAS GERAIS (Estado). Lei Estadual nº 14.868/2003. Dispõe sobre o programa estadual de parcerias público-privadas. *Minas Gerais Diário do Executivo*, Belo Horizonte, 17 dez. 2003. p. 1, col. 1).

[163] MENEZES, Caio Campello de; MONTEIRO, Antonio Henrique. Entraves práticos na escolha da câmara de arbitragem no âmbito das Parcerias Público-Privadas. *Migalhas*, 29 set. 2005. Disponível em: <www.migalhas.com.br>. Acesso em: 2 ago. 2006.

"Desse modo, estará assegurada a viabilidade de instauração da arbitragem, mesmo diante da eventual resistência de qualquer das partes, bem como o pleno exercício do direito de defesa pelos órgãos públicos ou paraestatais envolvidos na controvérsia."[164]

Depreende-se do dispositivo em exame que a arbitragem deve se desenvolver no Brasil, além de a sentença arbitral ser necessariamente prolatada no país. Interpretando-se a norma à luz dos princípios da razoabilidade, da eficiência e da economia processual, admite-se que certos atos da arbitragem, conforme as necessidades do caso concreto, sejam praticados no exterior. Assim, caso determinada prova deva ser colhida fora do território nacional, os árbitros podem se deslocar para a colheita de prova, após a qual deverão dar continuidade ao procedimento arbitral no Brasil.[165]

Ainda a respeito da exigência de que a arbitragem tenha sede no Brasil, vale destacar a lição de Eduardo Talamini, o qual entende que tal previsão tolheu a autonomia da vontade das partes, característica da arbitragem. O autor tece as seguintes críticas:

> Trata-se de uma cautela supérflua e talvez até contraproducente. Historicamente, não há razões para duvidar da idoneidade no desenvolvimento e solução de processos desenvolvidos fora do território nacional e que tenham por objeto questões de interesse público. Basta considerar os episódios de arbitragem internacional e de disputas perante órgãos contenciosos internacionais a que já se submeteu o Estado brasileiro. [...] De resto, permaneceria sempre a possibilidade do controle, pelo Judiciário brasileiro, da observância das garantias do devido processo (inclusive imparcialidade) na arbitragem. A sentença arbitral

---

[164] GREBLER, Eduardo. A solução de controvérsias em contratos de parceria público-privada. *Revista de Arbitragem e Mediação*. São Paulo, v. 1, n. 2, p. 71-72, maio/ago. 2004.
[165] SOUZA JR., Lauro Gama e. "Sinal verde para a arbitragem nas parcerias público-privadas", 2005, op. cit.

proferida fora do território brasileiro é sentença estrangeira. Por imposição constitucional, e tal como a sentença judiciária estrangeira, depende de homologação pelo Judiciário brasileiro para que aqui produza efeitos (Lei 9.307/1996, arts. 34-40; CF, art. 105, I, i, acrescido pela Emenda Constitucional 45/2004, que transferiu essa competência do STF para o STJ). Para a homologação da sentença arbitral estrangeira o Superior Tribunal de Justiça irá verificar, entre outros aspectos, a existência e o respeito aos limites do compromisso ou convenção arbitral, a arbitrabilidade do conflito e o respeito à "ordem pública nacional" (Lei 9.307, arts. 38 e 39), no que se inclui a observância das garantias básicas do devido processo. A valer a literalidade da regra isolada do art. 11, III, da Lei 11.079, a exigência de desenvolvimento da arbitragem em território brasileiro estaria posta em termos até mais severos do que a obrigatoriedade de estabelecer "o foro da sede da Administração" como competente para dirimir litígios derivados dos contratos administrativos em geral. É que na Lei 8.666 há a reiterada ressalva de que determinados contratos não se submetem àquela imposição (art. 32, §6º, e art. 55, §2º, parte final). Entre outras hipóteses, a regra do art. 55, §2º, da Lei 8.666 "não se aplica às licitações internacionais para a aquisição de bens e serviços cujo pagamento seja feito com o produto de financiamento concedido por organismo financeiro internacional de que o Brasil faça parte, ou por agência estrangeira de cooperação..." (art. 32, §6º). [...] Por outro lado, e em qualquer caso, nada impede que a arbitragem desenvolva-se no território brasileiro, mas perante e (ou) sob as regras procedimentais de uma instituição internacional de arbitragem. É também sempre possível a participação de árbitros de outra nacionalidade.[166]

---

[166] TALAMINI, Eduardo. "Idioma e local da arbitragem sobre PPP", 2005, op. cit.

A maior parte da doutrina aceita com tranquilidade a arbitrabilidade objetiva no âmbito das parcerias público-privadas – como foi visto, alguns autores chegam a afirmar que a arbitragem seria admissível mesmo que não estivesse prevista expressamente na Lei nº 11.079/2004.

Citando Bénédicte Fauvarque-Cosson, explica João Bosco Lee[167] que "a arbitrabilidade é a aptidão de um litígio ser o objeto de uma arbitragem". Complementa, ainda:

> [...] arbitrabilidade pode ser qualificada em subjetiva ou objetiva. A arbitrabilidade subjetiva refere-se à possibilidade de um Estado ou de uma entidade pública celebrar uma convenção de arbitragem: é a arbitrabilidade *ratione personae*. A arbitrabilidade objetiva concerne ao objeto do litígio: é a arbitrabilidade *ratione materiae*.[168]

Selma Lemes[169] destaca que "quando a Administração Pública se submete à arbitragem não está transigindo com o interesse público. Está deslocando a questão litigiosa do judiciário para os árbitros".

Uma das áreas em que se deve ter atenção é a publicidade dos atos administrativos, a qual deve ser observada. Como é cediço, uma das principais características da arbitragem é a possibilidade de manter sigilo sobre o litígio. No entanto, se

---

[167] LEE, João Bosco. *Arbitragem comercial internacional nos países do Mercosul*. 4. tir. Curitiba: Juruá, 2005. p. 51.
[168] Ibid.
[169] Para a autora, "a Administração Pública pode submeter-se à arbitragem e é conveniente que o faça quando *não se trate de examinar nem decidir sobre a legitimidade de atos administrativos, mas de suas consequências patrimoniais*" (LEMES, Selma M. Ferreira. A arbitragem e os novos rumos empreendidos na administração pública – a empresa estatal, o Estado e a concessão de serviço público. In: MARTINS, Pedro Batista; LEMES, Selma M. Ferreira; CARMONA, Carlos Alberto. *Aspectos fundamentais da lei de arbitragem*. Rio de Janeiro: Forense, 1999. p. 194, grifos no original).

uma das partes for a administração pública, deve-se atender ao disposto no art. 37, *caput*, CRFB. Não obstante, Eduardo Talamini faz a seguinte ressalva:

> Ainda assim, é possível que a arbitragem envolvendo o ente público submeta-se a um regime de publicidade restrita. Isso dependerá dos fatores envolvidos no litígio (questões de segurança, intimidade pessoal, propriedade intelectual etc.). As mesmas razões que justificariam a restrição da publicidade no processo judicial (CF, art. 5º, LX) autorizam-na no processo arbitral. O regime processual de publicidade restrita não constitui um sigilo absoluto que torne o processo insindicável. Fica assegurado o acesso aos dados processuais pelas partes e seus representantes, pelos órgãos de controle da Administração Pública etc. Cada sujeito que tem acesso aos dados assume o dever de, ainda que os utilizando para os fins legalmente admissíveis, zelar para que se mantenha a restrição de publicidade – sob as penas da lei.[170]

Conforme observa José Emilio Nunes Pinto:

> O princípio da publicidade estará devidamente observado e satisfeito na medida em que se reportem as informações quanto ao andamento do procedimento arbitral envolvendo pessoa jurídica de direito público ou, ainda que de direito privado, mas integrante da Administração, como as sociedades de economia mista, aos órgãos de controle interno e de controle externo da Administração, neste último caso, os Tribunais de Contas. Assim sendo, o princípio da publicidade não elimina a privacidade que caracteriza os atos do procedimento arbitral, os quais continuam restritos aos que dele participam.[171]

---

[170] TALAMINI, Eduardo. "Idioma e local da arbitragem sobre PPP", 2005, op. cit.
[171] PINTO, José Emilio Nunes. A confidencialidade na arbitragem. *Revista de Arbitragem e Mediação*, v. 6, p. 35, jul./set. 2005c.

Portanto, ainda que seja mitigada, a publicidade deve ser observada na arbitragem que versa sobre contratos administrativos, sob pena de violação do princípio da publicidade. Não apenas no Brasil, mas também internacionalmente, tal entendimento é adotado. Segundo Lauro Gama e Souza Jr.:

> Tal é, igualmente, a postura adotada por tribunais estrangeiros (Austrália e Suécia) e internacionais (NAFTA), que deixaram de sustentar o velho dogma da confidencialidade como elemento substancial da arbitragem. A High Court of Australia, por exemplo, decidiu que a arbitragem, embora privada, não era confidencial para as partes. Segundo a decisão, a confidencialidade não representa "um atributo essencial de uma arbitragem privada, que imponha a obrigação de cada uma das partes não revelar dados sobre o procedimento nem documentos e informações providos para os fins da arbitragem". Em suma: não há antagonismo entre publicidade e arbitragem, cabendo à Administração, ao elaborar o edital de licitação e a minuta de contrato de PPP, determinar que o procedimento arbitral e suas decisões não serão sigilosas, mas, apenas, os aspectos da arbitragem que razoavelmente devam ser preservados da divulgação pública.[172]

Pode-se afirmar, ainda, que a previsão do uso da língua portuguesa em arbitragens relacionadas às parcerias público-privadas se relaciona ao princípio da publicidade, de modo a permitir o acesso ao procedimento e à decisão arbitral. Nesse sentido, não é possível declinar o uso da língua pátria. Entre-

---

[172] SOUZA JR., Lauro Gama e. "Sinal verde para a arbitragem nas parcerias público-privadas", 2005, op. cit.

tanto, em princípio, não há óbice no que diz respeito ao uso conjunto do português e de uma língua estrangeira, o que é bastante comum nos procedimentos arbitrais, principalmente nas arbitragens internacionais.[173]

Com vistas a incentivar o uso da arbitragem pelos entes estatais e assegurar a legalidade da previsão da arbitragem nos contratos administrativos, o estado de Minas Gerais foi o primeiro a regulamentar a matéria, por meio da promulgação da Lei Estadual nº 19.477, de 12 de janeiro de 2011, que dispõe sobre a adoção do juízo arbitral para a solução de litígio em que o estado seja parte.

A lei estadual prevê que estado, órgãos e entidades da administração estadual direta e indireta poderão optar pela adoção do juízo arbitral para a solução dos conflitos relativos a direito patrimonial disponível, respeitados os princípios que orientam a administração pública.

O procedimento arbitral para a solução de litígio relativo a contrato, acordo ou convênio celebrado pelo estado fica condicionado à existência de cláusula compromissória cheia ou à formulação de compromisso arbitral, em que haja a designação de uma instituição arbitral inscrita no Cadastro Geral de Fornecedores de Serviço do Estado para administrar o procedimento arbitral, entre outras exigências.

---

[173] TALAMINI, Eduardo. "Idioma e local da arbitragem sobre PPP", 2002, op. cit. No mesmo sentido: "Embora a exigência de utilização da língua portuguesa nos procedimentos arbitrais associados a contratos de PPP possa causar certo desconforto a investidores e árbitros estrangeiros, não nos parece que a norma do artigo 11, III, da Lei nº 11.079/2004 vá além disso, configurando violação ao princípio da proporcionalidade em razão de não atender a qualquer finalidade razoável. Ainda que obrigatória, a língua portuguesa pode não ser a única utilizada em arbitragem internacional associada a contrato de PPP. Aliás, é frequente em tais arbitragens que se use mais de uma língua, tendo em vista as nacionalidades das partes e dos árbitros" (SOUZA JR., Lauro Gama e. "Sinal verde para a arbitragem nas parcerias público-privadas", 2005, op. cit.).

Questões de automonitoramento

1. Após ler este capítulo, você é capaz de resumir o caso gerador apresentado no capítulo 5, identificando as partes envolvidas, os problemas atinentes e as possíveis soluções cabíveis?
2. O que é a parceria público-privada? Quais são seus principais objetivos?
3. Quais são as modalidades de concessão contempladas pela Lei nº 11.079/2004? Quais suas principais peculiaridades em relação à concessão comum?
4. Qual o papel das garantias previstas no art. 8º da Lei de PPPs? Esse dispositivo é constitucional?
5. Qual a natureza do FGP? Como se dá sua administração? A formação do FGP é constitucional?
6. Considerando-se o disposto no art. 11, III, da Lei de PPPs, é possível que diligências da arbitragem prevista no contrato de parceria público-privada se desenvolvam fora do país? Seria admissível adotar um idioma estrangeiro adicionalmente ao português no procedimento arbitral?
7. O que é arbitrabilidade objetiva? Qual é o critério utilizado para distinguir a matéria arbitrável e a não arbitrável na área das PPPs?
8. Pense e descreva, mentalmente, alternativas para a solução do caso gerador apresentado no capítulo 5.

3

Atividades reguladas

Roteiro de estudo

Arbitrabilidade nos contratos com o Estado

Cada vez mais, o Estado extravasa suas funções tradicionais e se mostra presente na economia. Pouco a pouco, ele passou a atuar em diversas áreas comerciais. Surge o Estado empresário, em harmonia com a iniciativa privada. Em vez de lhe tirar espaço, o Estado *interage com o agente privado* e conjuga esforços, no sentido de captar recursos, capacitar pessoal, enfim, vencer obstáculos. Porém, como assevera José Emilio Nunes Pinto, a proximidade entre o Estado e o investidor privado pode gerar eventuais conflitos de interesses, relacionados, por exemplo, à interpretação de cláusulas contratuais ou ao inadimplemento do contrato,

> isso sem falarmos no impacto de fatos e circunstâncias em cadeias contratuais complexas, dando lugar a efeitos patrimoniais decorrentes de contratos que se situem a montante e a

jusante da relação contratual controversa, dada a complexidade e integração da respectiva cadeia contratual. A arbitragem se revela, portanto, como o mecanismo adequado para a solução de controvérsias em relações contratuais da natureza das anteriormente mencionadas.[174]

No âmbito das relações com o investidor estrangeiro, há diversas vantagens decorrentes da opção pela arbitragem, como a possibilidade de julgamento fora do Poder Judiciário do Estado contratante, o afastamento da questão da imunidade de jurisdição – pois esse princípio não tem aplicação na arbitragem[175] – e a liberdade de escolha da lei aplicável ao mérito.[176]

No entanto, durante muito tempo a doutrina e a jurisprudência se posicionaram contra a possibilidade de adoção da arbitragem no âmbito de contratos administrativos,[177] tanto em relação à arbitrabilidade subjetiva quanto à arbitrabilidade objetiva do litígio. A arbitrabilidade subjetiva está relacionada à possibilidade de o sujeito se submeter à arbitragem, ser parte, ao passo que a arbitrabilidade objetiva concerne à possibilidade de a matéria controvertida ser solucionada por meio da arbitragem. Especificamente em relação à arbitrabilidade do Estado, leciona Pedro A. Batista Martins:

---

[174] PINTO, José Emilio Nunes. A arbitrabilidade de controvérsias nos contratos com o Estado e empresas estatais. *Revista Brasileira de Arbitragem*, Porto Alegre, v. 1, n. 1, p. 10-11, jan./mar. 2004.

[175] Sobre a imunidade de jurisdição do Estado e a arbitragem, aduz José Carlos de Magalhães: "A jurisdição criada pela convenção arbitral é de natureza privada e não pública, e é a essa jurisdição que se subordina o Estado, voluntariamente, sem renunciar à imunidade de que goza relativamente à jurisdição de outros Estados" (MAGALHÃES, José Carlos de. *Do Estado na arbitragem privada*. São Paulo: Max Limonad, 1988. p. 121).

[176] TIBURCIO, Carmen; MEDEIROS, Suzana. Arbitragem na indústria do petróleo no direito brasileiro. *Revista de Direito Administrativo*, Rio de Janeiro, v. 241, p. 54, jul./set. 2005.

[177] BRANCHER, Paulo. Soluções de controvérsias e as agências reguladoras. *Revista Brasileira de Arbitragem*, Porto Alegre, v. 1, n. 1, p. 45, jan./mar. 2004.

A arbitrabilidade subjetiva corresponde à capacidade do Estado em contratar a convenção de arbitragem e, assim, afastar a jurisdição estatal. Para alguns o Estado e, por vezes, seus entes beneficiam-se de imunidade jurisdicional e se sujeitam ao princípio estrito da legalidade. Quer isso dizer que, ou não poderiam deixar de resolver seus conflitos na jurisdição estatal e/ou para optarem pela via arbitral, é necessária prévia autorização legislativa. A arbitrabilidade objetiva atinge o mérito da demanda para indagar se sua natureza é de caráter disponível ou não. Alguns conservadores, poucos a bem da verdade, enxergam na atuação estatal componente relevante e primordial de interesse público. Não importa se o Estado *age ius gestionis* ou, mais ainda, se as sociedades de economia mista e as empresas públicas sujeitam-se, por força constitucional, ao regime de direito privado. Todos atuam nas suas relações jurídicas sob o império do interesse público primário, daí a indisponibilidade de seus direitos e, consequentemente, a possibilidade de se submeterem à arbitragem.[178]

Conforme será analisado, os principais argumentos utilizados para negar cumprimento à cláusula arbitral prevista nos contratos administrativos são: (i) a violação do princípio da legalidade, ligada à arbitrabilidade subjetiva, e (ii) a violação do princípio da supremacia do interesse público sobre o particular, referente à arbitrabilidade objetiva.[179]

O advento da Lei nº 8.987/1995 (Lei de Concessões) constituiu um marco nessa questão, pois trouxe, em seu art. 23, que trata das cláusulas essenciais do contrato de concessão

---

[178] BATISTA MARTINS, Pedro A. A arbitragem e as entidades de direito público. *Batista Martins Advogados*, Rio de Janeiro, [s.d.]a. Disponível em: <www.batistamartins.com/batistamartins.html>. Acesso em: 29 set. 2009.
[179] PINTO, José Emilio Nunes. "A arbitrabilidade de controvérsias nos contratos com o Estado e empresas estatais", 2004, op. cit., p. 13.

de serviço público, a previsão da eleição de foro e do "modo amigável de solução das divergências contratuais" no inciso XV.[180] Alguns entenderam que a previsão de modo amigável de solução de controvérsias seria uma autorização expressa para a arbitragem.

Carmona vai mais longe e entende que a própria Lei de Licitações (Lei nº 8.666/1993), ainda que exija a eleição do foro da sede da administração, não afasta, de plano, a arbitragem. Segundo o autor:

> Nada disso é incompatível com a arbitragem: elegendo as partes foro no contrato (e nos contratos administrativos submetidos à Lei de Licitações é obrigatória a eleição do foro da sede da Administração), estarão apenas determinando que o eventual concurso do juiz togado para realização de atos para os quais o árbitro não tenha competência (atos que impliquem a utilização de coerção, execução da sentença arbitral, execução de medidas cautelares) seja realizado na comarca escolhida.[181]

Atualmente, cada vez mais vozes defendem a participação do Estado na arbitragem sempre que a administração manifestar sua vontade livremente na contratação da cláusula compromissória. Assim, entende-se que as entidades estatais estão legitimadas a se submeter à arbitragem, sem possibilidade de se esquivar quando surgir o litígio.[182] Vejamos a participação do Estado na arbitragem pela ótica da arbitrabilidade subjetiva e objetiva.

---

[180] BRANCHER, Paulo. "Soluções de controvérsias e as agências reguladoras", 2004, op. cit., p. 45.
[181] CARMONA, Carlos Alberto. *Arbitragem e processo*: um comentário à Lei n. 9.307/1996. 2. ed. São Paulo: Atlas, 2004. p. 54-55.
[182] MORAES, Luiza Rangel de. Arbitragem e agências reguladoras. *Revista de Arbitragem e Mediação*, São Paulo, v. 1, n. 2, p. 77, maio/ago. 2004.

Aplicação da Lei de Arbitragem no tempo

A questão da aplicação da Lei de Arbitragem passa pela análise dos dispositivos legais. Trata-se de direito material ou de direito processual? É possível que a eficácia da Lei de Arbitragem retroaja no tempo para conferir caráter obrigatório e vinculante à cláusula compromissória firmada antes da publicação da referida lei?

O Superior Tribunal de Justiça (STJ), em 2003, decidiu, por maioria, que não seria possível retroagir para atingir os efeitos do negócio jurídico perfeito, isto é, contratos assinados antes da vigência Lei nº 9.307/1996. Diz a ementa:

> Recurso Especial nº 238.174/SP (1999/0102895-7)
> Relator: ministro Antônio de Pádua Ribeiro
> Recorrente: Campari do Brasil Ltda.
> Advogados: Marçal de Assis Brasil Neto e outros, Antônio Carlos Gonçalves
> Recorrido: Distillerie Stock do Brasil Ltda.
> Advogado: Luiz Gastão Pães de Barros Leães e outros
> Ementa
> Direito Civil e Direito Processual Civil. Contrato. Cláusula compromissória. Lei nº 9.307/96. Irretroatividade.
> I – A Lei nº 9.307/1996, sejam considerados os dispositivos de direito material, sejam os de direito processual, não pode retroagir para atingir os efeitos do negócio jurídico perfeito. Não se aplica, pois, aos contratos celebrados antes do prazo de seu art. 43.
> II – Recurso especial conhecido, mas desprovido.[183]

---

[183] BRASIL. Superior Tribunal de Justiça. REsp nº 238.174/SP – 1999/0102895-7. Relator: ministro Antônio de Pádua Ribeiro. Terceira Turma. Julgado em 6 maio 2003. DJ, 16 jun. 2003.

Em 2005, quando teve nova oportunidade para exame dessa questão, mudou seu posicionamento (REsp nº 712.566/RJ).[184] O entendimento foi no sentido de que a Lei de Arbitragem seria essencialmente processual; logo, sua aplicação seria imediata.[185] Ademais, a aplicação imediata possibilita o cumprimento do princípio da boa-fé dos contratos e do *pacta sunt servanda*.

O exame da Sentença Estrangeira Contestada (SEC) nº 349-EX (2005/0023892-2) ratificou esse entendimento, conforme ementa abaixo:

> Relatora: Ministra Eliana Calmon
> Requerente: Mitsubishi Electric Corporation
> Advogado: Fábio de Campos Lilla e outros
> Requerido: Evadin Indústrias Amazônia S/A
> Advogado: Carlos Roberto Siqueira Castro e outros
> Ementa
> Sentença estrangeira – Juízo arbitral – Contrato internacional assinado antes da Lei de Arbitragem (9.307/1996).

---

[184] "Ementa. Processual civil. Recurso especial. Cláusula arbitral. Lei de Arbitragem. Aplicação imediata. Extinção do processo sem julgamento de mérito. Contrato internacional. Protocolo de Genebra de 1923. – *Com a alteração do art. 267, VII, do CPC pela Lei de Arbitragem, a pactuação tanto do compromisso como da cláusula arbitral passou a ser considerada hipótese de extinção do processo sem julgamento do mérito.* – Impõe-se a extinção do processo sem julgamento do mérito se, quando invocada a existência de cláusula arbitral, já vigorava a Lei de Arbitragem, ainda que o contrato tenha sido celebrado em data anterior à sua vigência, pois as normas processuais têm aplicação imediata. – Pelo Protocolo de Genebra de 1923, subscrito pelo Brasil, a eleição de compromisso ou cláusula arbitral imprime às partes contratantes a obrigação de submeter eventuais conflitos à arbitragem, ficando afastada a solução judicial. – Nos contratos internacionais, devem prevalecer os princípios gerais de direito internacional em detrimento da normatização específica de cada país, o que justifica a análise da cláusula arbitral sob a ótica do Protocolo de Genebra de 1923. Precedentes. Recurso especial parcialmente conhecido e improvido" (BRASIL. Superior Tribunal de Justiça. REsp nº 712.566/RJ – 2004/0180930-0. Relatora: ministra Nancy Andrighi. Terceira Turma. Julgado em 18 ago. DJ, 5 set. 2005, p. 407).

[185] Nesse mesmo sentido, ver ementas dos seguintes julgados: BRASIL. Supremo Tribunal Federal. SEC nº 5.378/FR. Relator: ministro Maurício Corrêa. Tribunal Pleno. Julgado em 3 fev 2000. DJ, 5 fev.2000, p. 54; BRASIL. Supremo Tribunal Federal. SEC nº 5.828/NO. Relator: ministro Ilmar Galvão. Tribunal Pleno. Julgado em 6 dez. 2000. DJ, 23 fev.2001, p. 84.

1. Contrato celebrado no Japão, entre empresas brasileira e japonesa, com indicação do foro do Japão para dirimir as controvérsias, é contrato internacional.
2. Cláusula arbitral expressamente inserida no contrato internacional, deixando superada a discussão sobre a distinção entre cláusula arbitral e compromisso de juízo arbitral (precedente: REsp 712.566/RJ).
3. As disposições da Lei 9.307/1996 têm incidência imediata nos contratos celebrados antecedentemente, se neles estiver inserida a cláusula arbitral.
4. Sentença arbitral homologada.

Recentemente, em 28 de junho de 2012, o STJ consolidou esse entendimento e emitiu a Súmula nº 485 ("A lei da arbitragem aplica-se aos contratos que contenham cláusula arbitral, ainda que celebrados antes de sua edição").

Arbitrabilidade subjetiva

O grande obstáculo para a arbitrabilidade subjetiva do Estado seria o princípio da legalidade. Pela ótica da administração pública, "só é permitido fazer o que a lei autoriza, enquanto que na administração particular é lícito fazer tudo o que a lei não proíbe". Assim, só seria possível que o Estado contratasse cláusula compromissória mediante expressa autorização legislativa.[186]

---

[186] MEIRELLES, Hely Lopes. *Direito administrativo brasileiro*. 29. ed. Atualiz. Eurico de Andrade Azevedo, Délcio Balestero Aleixo, José Emmanuel Burle Filho. São Paulo: Malheiros, 2004. p. 248-249. No que tange à evolução do princípio da legalidade, assevera Odete Medauar: "Embora permaneçam o sentido de poder objetivado pela submissão da Administração à legalidade e o sentido de garantia, certeza e limitação do poder, registrou-se evolução na ideia genérica de legalidade. [...] A própria sacralização da legalidade produziu um desvirtuamento denominado legalismo ou legalidade formal pelo qual as leis passaram a ser vistas como justas, por serem leis, independentemente do conteúdo. Outro desvirtuamento: formalismo excessivo dos decretos, circulares e

Nessa linha, Luís Roberto Barroso conclui que tanto as entidades da administração direta quanto as da indireta submetem-se à legalidade, ou seja, só podem fazer o que a lei lhes determina ou autoriza. Assim, o professor entende que "a Administração apenas poderá clausular arbitragem em seus ajustes se houver autorização legal",[187] a qual deverá constar em legislação específica para determinado ente – como ocorreu no caso das Organizações Lage e do espólio de Henrique Lage,[188] cuja autorização legislativa foi concedida com a publicação do Decreto-Lei nº 9.521/1946.

Na visão de Diogo de Figueiredo Moreira Neto e Marcos Juruena Villela Souto, o art. 23, XV, da Lei nº 8.987/1995 prevê modo amigável de solução de divergências, que seria uma possibilidade de utilizar a arbitragem. Quando a administração celebra transação, submete-se ao direito privado, transigindo da mesma forma que os particulares. Assim, o Estado não fica inibido de contratar cláusula compromissória pelo princípio da legalidade da administração pública. Explicam os autores:

> Argumentam que, para que o Estado ou empresas estatais prevejam a arbitragem em seus contratos, necessário será que sejam detentores de habilitação legal, ou seja, que a lei os permita utilizar a arbitragem como meio de solução de controvérsias contratuais. [...] Os argumentos podem ser afastados; inicialmente, se a arbitragem não puder ser aplicada aos contratos

---

portarias, com exigências de minúcias irrelevantes" (MEDAUAR, Odete. *Direito administrativo moderno*. 8. ed. São Paulo: Revista dos Tribunais, 2004. p. 144).
[187] BARROSO, Luís Roberto. Sociedade de economia mista prestadora de serviço público. Cláusula arbitral inserida em contrato administrativo sem prévia autorização legal. Invalidade. *Revista de Direito Bancário do Mercado de Capitais e da Arbitragem*, Rio de Janeiro, n. 19, p. 429-433, jan./mar. 2003. Pareceres.
[188] BRASIL. Supremo Tribunal Federal. AI nº 52.181/GB. Relator: ministro Bilac Pinto. Tribunal Pleno. Julgado em 14 nov. 1973. *DJ*, 15 fev. 1974.

previstos na Lei nº 8.987/1995, nenhuma utilidade terá o seu art. 23, XV.[189]

Eurico de Andrade Azevedo, Délcio Balestero Aleixo e José Emmanuel Burle Filho (atualizadores do Livro de Hely Lopes Meirelles) têm entendimento um pouco mais liberal. Para os autores,

> a Lei 9.307/1996 permitiu expressamente a todas as pessoas capazes de contratar (aí incluindo-se a Administração Pública direta e indireta) a possibilidade de se valerem da arbitragem para dirimir litígios relativos a direitos patrimoniais disponíveis. Autorização legal, portanto, existe. Facultativa é a sua utilização. Somente nos contratos de concessão e permissão de serviço público torna-se obrigatória a inserção de cláusula que disponha expressamente sobre o foro e sobre o modo amigável de solução das divergências contratuais (Lei 8.987/95, art. 23, XV).[190]

José Emilio Nunes Pinto alinha-se ao posicionamento de que a própria Lei de Arbitragem traz a autorização legislativa para que o Estado celebre cláusula arbitral e esclarece:

> Será realmente que é correto se afirmar que, salvo os casos mencionados nas leis relativas a setores de infraestrutura e de gás e petróleo, o Estado e suas empresas não dispõem de autorização legal para submeter litígios e controvérsias à arbitragem? São o Estado e, em nível hierárquico inferior a ele, as empresas por ele controladas, detentores de status tal que os impeça de ser

---

[189] MOREIRA NETO, Diogo de Figueiredo; SOUTO, Marcos Juruena Villela. Arbitragem em contratos firmados por empresas estatais. *Revista de Direito Administrativo*, Rio de Janeiro, v. 236, p. 241, abr./jun. 2004.
[190] MEIRELLES, Hely Lopes. *Direito administrativo brasileiro*, 2004, op. cit., p. 248-249.

parte num procedimento arbitral? Qual seria o fundamento do dispositivo legal contido em cada uma das leis mencionadas que permitiria a arbitragem nos contratos de concessão?[191]

Nessa linha, por entender que a autorização legal não poderia ser concedida a certos entes em detrimento de outros, por constituir, de certa forma, uma incongruência lógica, o autor conclui:

> Parece-nos evidente que a questão relativa à inarbitrabilidade subjetiva nos contratos com o Estado não seja de natureza a permitir que se possa superá-la para determinadas áreas em detrimento de outras. A prevalecer o entendimento corrente, somos obrigados a admitir a inconsistência lógica, já que o sujeito da arbitragem seria o mesmo Estado ou qualquer de suas empresas controladas. [...] É justamente por essa razão que entendemos que as disposições relativas à arbitragem e inseridas nas leis especiais que regulamentam determinados setores e atividades não se constituem em exceção a um princípio que teoricamente impediria que o Estado e suas empresas se sujeitassem à arbitragem. [...] Se examinarmos o conteúdo dessas disposições, constataremos que não têm elas o objetivo precípuo de autorizar que as controvérsias surgidas nos contratos por elas regulados sejam dirimidas por arbitragem. O foco central dessas disposições é determinar as cláusulas contratuais que são tidas como essenciais em contratos da natureza daqueles por ela regulados para assegurar a validade e legalidade dos mesmos. Assim sendo, baseadas na autorização geral contida na Lei de Arbitragem e requerida pelo princípio da legalidade, outorgam elas à cláusula que regule a utilização da arbitragem

---

[191] PINTO, José Emilio Nunes. "A arbitrabilidade de controvérsias nos contratos com o Estado e empresas estatais", 2004, op. cit., p. 15.

nesses contratos o caráter de essencialidade. É claro que, por serem leis de mesma hierarquia, a declaração do caráter de essencialidade reitera (mas, sublinhe-se, não cria) qualquer tipo de autorização legal, até porque esta já existe.[192]

Além do princípio da legalidade, coloca-se a questão do regime jurídico ao qual o ente estatal está submetido. Como se sabe, nos termos do art. 173, §1º, II, da CRFB, empresas públicas e sociedades de economia mista são regidas pelo regime jurídico privado, enquanto a administração direta submete-se ao regime público. Não obstante, a doutrina tem interessantes colocações acerca do regime jurídico aplicável às entidades estatais, entre as quais podemos destacar:

> Essas entidades se submetem a um regime jurídico híbrido apenas na medida em que sofrem, também, o impacto de normas de direito público [...]. Tal fenômeno decorre, pois, da própria personalidade jurídica de direito privado das sociedades de economia mista e empresas públicas, que lhes impõe regime distinto das demais entidades da Administração Pública.[193]

De todo modo, o próprio Supremo Tribunal Federal já admitiu a possibilidade de a União se submeter à arbitragem, no famoso "caso Lage", julgado em 1973, o qual traz a seguinte ementa:

> Incorporação, bens e direitos das empresas Organização Lage e do espólio de Henrique Lage. Juízo arbitral. Cláusula de irrecorribilidade. Juros da mora. Correção monetária.

---

[192] Ibid., p. 15-16.
[193] MOREIRA NETO, Diogo de Figueiredo; SOUTO, Marcos Juruena Villela. "Arbitragem em contratos firmados por empresas estatais", 2004, op. cit., p. 218-219.

1. Legalidade do juízo arbitral, que o nosso direito sempre admitiu e consagrou, até mesmo nas causas contra a Fazenda. Precedente do Supremo Tribunal Federal.
2. Legitimidade da cláusula de irrecorribilidade de sentença arbitral, que não ofende a norma constitucional.
3. Juros de mora concedidos, pelo acórdão agravado, na forma da lei, ou seja, a partir da propositura da ação. Razoável interpretação da situação dos autos e da Lei n. 4.414, de 1964.
4. Correção monetária concedida, pelo tribunal a quo, a partir da publicação da Lei n. 4.686, de 21.6.65. Decisão correta.
5. Agravo de instrumento a que se negou provimento.[194]

Como se pode observar, "na famosa decisão do litígio entre a União e os herdeiros de Henrique Lage [...], restou claro que não haveria nenhuma vedação *per se* a que pessoas jurídicas de direito público participassem de arbitragem".[195] Sobre o tema, cabe destacar a seguinte decisão monocrática do Superior Tribunal de Justiça:

> [...] 33. No que se refere à possibilidade de os acionistas da CEMIG, uma sociedade de economia mista controlada pelo Estado de Minas Gerais, submeterem as suas disputas a um tribunal arbitral, o v. aresto recorrido afirmou a impossibilidade desse procedimento dada à suposta natureza indisponível dos interesses daquele acionista controlador. Veja-se, para maior comodidade do exame, um trecho do acórdão recorrido que trata especificamente do tema: "o juízo arbitral não se presta à solução de pendências que envolvam direitos indisponíveis. Aliás é o que diz o art. 1º da Lei 9.307/1996". [...]

---

[194] BRASIL. Supremo Tribunal Federal. AI nº 52.181/GB, 1974, op. cit.
[195] MUNIZ, Joaquim de Paiva. Os limites da arbitragem nos contratos de concessão de exploração e produção de petróleo e gás natural. *Revista de Arbitragem e Mediação*, São Paulo, v. 1, n. 2, p. 91, maio/ago. 2004.

34. O que há de mais censurável na tese acolhida pelo v. aresto recorrido é a alegação de que a mera *presença* do Poder Público numa relação contratual seria suficiente para caracterizar a indisponibilidade do interesse e, por conseguinte, para proibir que naqueles contratos fosse inserida a cláusula compromissória. [...]
Consoante se depreende do excerto transcrito, a análise da irresignação da recorrente, no tocante à eventual violação aos mencionados artigos da Lei de Arbitragem, esbarra no óbice da súmula 5/STJ, porquanto importa interpretação de cláusulas do Acordo de Acionistas, principalmente no que diz respeito à indisponibilidade dos direitos envolvidos na demanda [grifo no original].[196]

Em 2008, o Superior Tribunal de Justiça ratificou a possibilidade da participação de sociedade de economia mista (MS nº 11.308/DF – 2005/0212763-0. Julgado em 9/4/2008 – TMC vs. Nuclep[197]) em processos arbitrais.

---

[196] BRASIL. Superior Tribunal de Justiça. Ag nº 481.023/MG – 2002/0145005-6. Relator: ministro Fernando Gonçalves. Quarta Turma. Decisão monocrática de 5 ago. 2003, p. 3. *DJ*, 13 ago. 2003.
[197] "Ementa. Administrativo. Mandado de segurança. Permissão de área portuária. Celebração de cláusula compromissória. Juízo arbitral. Sociedade de economia mista. Possibilidade. Atentado. 1. A sociedade de economia mista, quando engendra vínculo de natureza disponível, encartado na mesma cláusula compromissória de submissão do litígio ao Juízo Arbitral, não pode pretender exercer poderes de supremacia contratual previsto na Lei 8.666/1993. 2. A decisão judicial que confere eficácia à cláusula compromissória e julga extinto o processo pelo 'compromisso arbitral', se desrespeitada pela edição de Portaria que eclipsa a medida afastada pelo ato jurisdicional, caracteriza a figura do 'atentado' (art. 880 do CPC). 3. *O atentado, como manifestação consistente na alteração do estado fático da lide influente para o desate da causa, pode ocorrer em qualquer processo. Impõe-se, contudo, esclarecer que, quando a ação é proposta, as partes não se imobilizam em relação ao bem sobre o qual gravita a lide. Nesse sentido, não se vislumbra na fruição normal da coisa ou na continuação de atos anteriores à lide (qui continuat non attentan). Assim, v.g., em ação de usucapião, como posse justificada, o usucapiente pode construir no imóvel; ao revés, há inovação no estado de fato e, portanto, comete atentado o réu que em ação reivindicatória procura valorizar o imóvel erigindo benfeitorias úteis no bem, ou o demandado que violando liminar deferida aumenta em extensão a sua infringência*

Arbitrabilidade objetiva

Segundo Eros Roberto Grau, contratos administrativos e privados não constituem realidades opostas, pois a ambos se aplicam diversos regimes jurídicos. Não existe um regime jurídico próprio aos chamados contratos administrativos. Estes não sintetizam um conjunto de normas jurídicas nem exprimem, condensadamente, um sistema normativo. Por isso, para o autor:

> Embora a Administração disponha no dinamismo do contrato administrativo, de poderes que se tomam como expressão de *puissance publique* (alteração unilateral da relação), essa relação não deixa de ser contratual, os atos praticados pela Administração enquanto parte nessa mesma relação sendo expressivos de meros atos de gestão. Em suma, é preciso não confundirmos o Estado-aparato com o Estado-ordenamento. Na relação contratual administrativa o Estado-aparato (a Administração) atua vinculado pelas mesmas estipulações que vinculam o particular; ambos se submetem à lei (Estado-ordenamento); ou seja, a Administração não exerce atos de autoridade no bojo da relação contratual. Daí por que, como observa García de Enterría, contrato administrativo e contrato privado não podem ser considerados como realidades radicalmente diferentes e rigorosamente separadas; qualquer contrato pode refletir elementos de direito administrativo e

---

à posse alheia. De toda sorte, é imperioso assentar-se que só há atentado quando a inovação é prejudicial à apuração da verdade. O atentado pode ocorrer a qualquer tempo, inclusive, após a condenação e na relação de execução. (Luiz Fux, in, Curso de Direito Processual Civil, 3ª edição, Editora Forense, páginas 1637/1638)." (BRASIL. Superior Tribunal de Justiça. MS nº 11.308/DF – 2005/0212763-0. Relator: ministro Luiz Fux. Primeira Seção. Julgado em 9 abr. 2008. *DJe*, 19 maio 2008).

de direito privado. Vale dizer: não há diferença entre uns e outros senão na medida em que a ambos se aplicam múltiplos regimes jurídicos.[198]

Por outro lado, Fernando Antônio Dusi Rocha traça algumas distinções entre os contratos celebrados pela administração:

> Em se tratando de contratos administrativos típicos, em que é patente a desigualdade jurídica em favor da administração, não há dificuldade em se invocar o interesse público primário no sacrifício do "interesse do particular". Em se tratando de contratos de direito privado, nos quais, mesmo com estrita dos princípios orientadores da atividade administrativa, a administração queda-se aos moldes privatísticos, por opção ou por necessidade, a relação se estabelece em condições de igualdade com o particular, agindo ela como ente privado, onde prepondera interesse próprio do aparelho organizativo. Nestes casos, os interesses se parificam, porquanto não há desigualdade jurídica que justifique o sacrifício do particular. No contexto dos "contratos firmados pela Administração, sujeitos ao regime privatístico, é que parece legítimo o recurso à arbitragem na solução de conflitos que não repercutam na esfera dos interesses primários", pressupondo-se que a valoração dos interesses passíveis de convenção arbitral seja feita pelo órgão administrativo competente, necessariamente autorizado por lei. Decerto que "tal avaliação defluirá do legítimo exercício do poder discricionário, à vista da amplitude do interesse a ser protegido" numa situação concreta.[199]

---

[198] GRAU, Eros Roberto. Da arbitrabilidade de litígios envolvendo sociedade de economia mista e da interpretação de cláusula compromissória. Pareceres. *Revista de Direito Bancário do Mercado de Capitais e da Arbitragem*, Rio de Janeiro, n. 18, p. 401, out./dez. 2002.
[199] ROCHA, Fernando Antônio Dusi. *Regime jurídico dos contratos da administração*. 2. ed. Brasília: Brasília Jurídica, 2000. p. 285.

É certo que, conforme o disposto no art. 1º da Lei de Arbitragem, direitos indisponíveis não são arbitráveis. No entanto, com o ingresso do Estado na atividade econômica, nem todo ato emanado da pessoa jurídica de direito público diz respeito ao interesse público.[200] Por isso, cabe fazer a distinção entre *atos de império* e *atos de gestão* lembrada por Joaquim de Paiva Muniz:

> Os atos de império (*ius imperium*) são praticados pela Administração com supremacia sobre as demais partes, para a consecução de interesse público superior. Nos atos de gestão (*ius gestionis*), por sua vez, o Estado não objetiva fim público e, por isso, encontra-se no mesmo patamar das outras partes.[201]

Na lição de Caio Tácito, quando a empresa estatal realiza *atos de gestão*, explorando atividade econômica de natureza privada, nos termos do art. 173, §1º, II, da CRFB, a arbitragem compatibiliza-se perfeitamente, trazendo ainda o benefício da celeridade da resolução do conflito. Destaca o autor:

> Se, indubitavelmente, em certos casos, o princípio da indisponibilidade do interesse público repele o compromisso arbitral, não há por que obstar o benefício da transação quando a natureza da obrigação de conteúdo mercantil, a ser cumprida pelo órgão

---

[200] Sobre as crises da noção de interesse público: "Hoje em dia, a Constituição se apresenta como uma totalidade dinâmica, onde os conflitos entre o bem particular e o bem comum têm de ser solucionados sempre *ad hoc*, à luz de princípios constitucionais superiores e à luz de uma compreensão holista da Constituição. Assim, parece razoável que o Poder Público migre de uma estruturação piramidal para uma nova configuração, em que os poderes são ordenados como uma rede, articulada com os entes sociais" (MARQUES NETO, Floriano Peixoto de Azevedo. *Regulação estatal e interesses públicos*. São Paulo: Malheiros, 2002. p. 157).
[201] MUNIZ, Joaquim de Paiva. "Os limites da arbitragem nos contratos de concessão de exploração e produção de petróleo e gás natural", 2004, op. cit., p. 93.

público, possibilita que ao acordo de vontade, fruto do vínculo bilateral, possa igualmente suceder o procedimento amigável como dirimente de eventual discrepância no entendimento da latitude da obrigação do administrador.[202]

Na intenção de definir, de forma clara, quais direitos estariam afetados pela indisponibilidade no âmbito dos contratos administrativos, José Emilio Nunes Pinto recorda as cláusulas exorbitantes, as quais foram criadas para atender a certos pressupostos do direito administrativo, uma vez que o contrato administrativo não poderia ter exatamente o mesmo formato que o contrato entre particulares. O equilíbrio entre as partes é modificado, sendo as cláusulas exorbitantes o reflexo da prevalência do interesse público sobre o particular. Assim, cabe destacar o raciocínio do autor, que conclui pela indisponibilidade das questões afeitas às cláusulas exorbitantes, vedando-se, portanto, a arbitragem nesses casos:

> Aspecto interessante é o relativo ao tratamento das consequências patrimoniais da aplicação das cláusulas exorbitantes pela Administração. Constitui esse tratamento um direito indisponível? Tomemos, por exemplo, o caso da alteração unilateral do contrato pela Administração. Ao permitir que a Administração assim proceda, a lei, no entanto, estabelece que isso será possível para adequação do contrato às finalidades do interesse público e ressalva que os direitos do contratado deverão ser preservados. O texto legal indica, ainda, que, nesse caso, deve-se proceder à revisão das cláusulas econômico-financeiras para a manutenção do equilíbrio contratual (art. 58, §2º, da Lei de Licitações). Estamos diante do denominado equilíbrio

---

[202] TÁCITO, Caio. Arbitragem nos litígios administrativos. *Revista de Direito Administrativo*, Rio de Janeiro, v. 242, p. 143, out./dez. 2005a.

econômico-financeiro do contrato administrativo, elevado à categoria de garantia constitucional, na forma do art. 37 (xxi) da Constituição Federal, o qual está regulado no art. 65, §6º, da Lei de Licitações. De uma forma ou de outra, podemos incluir o equilíbrio econômico-financeiro juntamente com o fato do príncipe e o fato da Administração dentre os eventos que determinam a mutabilidade da relação contratual, expressos em cláusulas exorbitantes e caracterizando-se, portanto, como direitos indisponíveis. Pois bem, somos de opinião que a determinação da existência ou não do direito de invocar o equilíbrio econômico-financeiro se enquadra na categoria de direitos indisponíveis não sujeitos à arbitragem, mas, ao mesmo tempo, entendemos que a definição do mecanismo para que se restaure a equação inicial é direito disponível e, portanto, quaisquer controvérsias a ele relativas são passíveis de arbitragem, o que equivale dizer que o tratamento das consequências patrimoniais é matéria, a nosso ver, arbitrável. Em síntese, entendemos que, nos contratos com o Estado e suas empresas, estes dispõem de autorização legal para submeter as respectivas controvérsias à arbitragem, nos termos do art. 1º da Lei de Arbitragem (arbitrabilidade subjetiva), mas as controvérsias relativas a cláusulas exorbitantes não darão lugar à arbitragem por se caracterizarem como direitos indisponíveis, estando excluídas, portanto, do escopo da arbitrabilidade objetiva.[203]

Com o mesmo objetivo, Joaquim de Paiva Muniz tece as seguintes considerações:

As cláusulas regulamentares de contratos de concessão referem-se a atos de império e, por conseguinte, não são arbitráveis. Os

---

[203] PINTO, José Emilio Nunes. "A arbitrabilidade de controvérsias nos contratos com o Estado e empresas estatais", 2004, op. cit., p. 17-19.

atos de império consubstanciam decisões privativas do Estado, que não podem ser apreciadas por um órgão arbitral, de natureza privada. [...] Por outro lado, as cláusulas, termos e condições do contrato de concessão que tratarem de matéria de natureza econômico-financeira concernem direito disponível e são plenamente arbitráveis. [...] Pelo mesmo motivo, controvérsias sobre questões meramente de fato, advindas de contratos de concessão, podem ser resolvidas por arbitragem, pois não cingem, diretamente, direito inalienável. [...] Em suma, os questionamentos sobre quais os conflitos, oriundos do contrato de concessão, podem ser resolvidos por arbitragem, só podem ser respondidos mediante análise minudente de cada caso específico. Dúvidas sobre dispositivos regulamentares, relacionados a interesse público primário, não podem ser dirimidas por arbitragem. Por sua vez, demandas de caráter meramente patrimonial, ou relacionadas a questões de fato, podem ser solucionadas pela via arbitral.[204]

A Lei de Arbitragem é aplicável às empresas públicas e sociedades de economia mista, desde que haja convenção de arbitragem livremente pactuada. Não há violação do princípio da supremacia do interesse público, pois os árbitros indicados pelas partes deverão respeitar os preceitos do art. 37 da CFRB. Assim, o principal óbice para a adoção da arbitragem pela administração pública é o campo das cláusulas exorbitantes, as quais são revestidas pela indisponibilidade.[205] Sobre o assunto, interessante julgado do Tribunal de Justiça do Rio de Janeiro:

> [...] A lei brasileira a respeito (Lei 9.307/1996) restringe o âmbito de sua aplicação a direitos patrimoniais disponíveis, o que

---

[204] PAIVA MUNIZ (apud PINTO, José Emilio Nunes. "A arbitrabilidade de controvérsias nos contratos com o Estado e empresas estatais", 2004, op. cit., p. 15-16).
[205] MARQUES NETO, Floriano Peixoto de Azevedo. Universalização de serviços públicos e competição: o caso da distribuição de gás natural. *Revista de Direito Administrativo*, Rio de Janeiro, v. 223, p. 122-126, jan./mar. 2001.

exclui as verbas municipais, que são indisponíveis de acordo com a nossa legislação. [...] Seriam os direitos em discussão no contrato disponíveis? Se o fossem, não haveria qualquer dúvida quanto à aplicação da arbitragem porquanto o art. 1º da Lei 9.307/1996 dispõe que "as pessoas capazes de contratar poderão valer-se da arbitragem para dirimir litígios relativos a direitos patrimoniais disponíveis. [...] Reproduz o mesmo Autor, p.464, o entendimento do TCU – Processo TC 006.098/93-2, deixou averbado que não se deve incluir, na parte da arbitragem, cláusulas que não observem estritamente o princípio da legalidade e da indisponibilidade do interesse público, tendo em vista que estes princípios não pertencem aos direitos disponíveis e, por consequência, ficam fora do juízo arbitral.[206]

Solução de controvérsias no âmbito das atividades reguladas

Ainda que as empresas estatais e as sociedades de economia mista tenham sido privatizadas, os serviços públicos permaneceram sob a tutela do Estado. Assim, a execução desses serviços permaneceu adstrita ao regime jurídico de direito público. Nesse cenário, surgiram as agências reguladoras, "pois, se o Estado deixa progressivamente de atuar na economia, cresce a importância de seu papel fiscalizador e regulador das atividades sob sua responsabilidade".[207]

Segundo Marçal Justen Filho, agências reguladoras são autarquias especiais, instituídas por legislação infraconstitucional

---

[206] BRASIL. Tribunal de Justiça do Estado do Rio de Janeiro. Décima Terceira Câmara Cível. Ag In nº 07.839/2003. Relator: desembargador Ademir Paulo Pimentel. Julgado em 26 maio 2003. Dorj, 30 maio 2003. Disponível em: <www.cbar.org.br/PDF/Eliomar_versus_Cesar_Maia_Guggenheim.pdf>. Acesso em: 17 jul. 2013.
[207] BRANCHER, Paulo. "Soluções de controvérsias e as agências reguladoras", 2004, op. cit., p. 42.

que as institui, organiza e disciplina, submetidas a regime jurídico que assegura autonomia perante a administração direta, competentes para a regulação do setor a que se destinam.[208]

Segundo Diogo de Figueiredo Moreira Neto, podem-se destacar as seguintes características das agências reguladoras:

1) *Independência política dos dirigentes*, a serem nomeados pelo Chefe do Poder Executivo, mas sob aprovação do Poder Legislativo, com mandados estáveis, durante um prazo determinado, e preferentemente defasado dos períodos dos mandatos políticos do Executivo;

2) *Independência técnico decisional*, com predomínio da discricionariedade técnica sobre a discricionariedade político-administrativa e sem recurso hierárquico impróprio de suas decisões para o Poder Executivo;

3) *Independência normativa*, necessária para a disciplina autônoma dos serviços públicos e das atividades econômicas submetidos à sua regulação e controle;

4) *Independência gerencial, orçamentária e financeira*, preferentemente ampliada por meio de contratos de gestão (acordos de programa) celebrados com o órgão supervisor da Administração Direta.[209]

Existem diversas agências reguladoras na esfera nacional e estadual. No entanto, a Agência Nacional de Energia Elétrica

---

[208] Sobre o assunto, Marçal Justen Filho esclarece: "A distinção entre agências executivas e reguladoras foi copiada do direito norte-americano, onde essa diferença tem algum sentido. No direito brasileiro, não é possível apontar precisamente as características que identificam uma agência executiva. Trata-se de uma autarquia em geral. [...] Agência executiva se identifica por um critério negativo: seria uma autarquia destituída de competências regulatórias, dedicada a desenvolver atividades administrativas clássicas, inclusive a prestação de serviços públicos" (JUSTEN FILHO, Marçal. *Curso de direito administrativo*. São Paulo: Saraiva, 2005. p. 465-467).

[209] MOREIRA NETO, Diogo de Figueiredo. *Curso de direito administrativo*. 13. ed. Rio de Janeiro: Forense, 2003. p. 437, grifos no original.

(Aneel) e a Agência Nacional de Petróleo (ANP), no âmbito do setor energético, serão estudadas mais detidamente.

A Aneel foi criada pela Lei nº 9.427/1996, tendo sido a primeira agência nacional de serviços públicos e de uso dos bens públicos. Após a desestatização do setor elétrico brasileiro, a transmissão e a distribuição de energia passaram a sofrer regulação direta da Aneel. Já a ANP, que regula as atividades relativas ao monopólio da indústria do petróleo e do gás natural, foi criada pela Lei nº 9.478/1997.[210]

Solução de controvérsias pelas agências reguladoras

As agências reguladoras permitem que o Estado, ao mesmo tempo, solucione conflitos entre os administrados e exerça poder de polícia na sua atividade regulatória.[211] Essa função de conciliar litígios entre os agentes econômicos é, por vezes, chamada de arbitragem, seja no seio das agências, seja pela legislação pertinente. Entretanto, a atuação das agências como compositoras de conflitos não pode ser considerada uma verdadeira arbitragem.

Segundo Luiza Rangel de Moraes:

> Essa atuação desenvolve-se no curso de um processo administrativo, que não pode ser confundido com o processo de arbitragem. Nesse caso, a decisão proferida está sujeita a recurso administrativo e poderá, em tese, ser objeto de ampla revisão pelo Poder Judiciário, o que não ocorre na arbitragem. Ademais, a eleição da jurisdição privada depende do livre comprometimento das partes, o que inexistiria neste caso. [...] Importante

---

[210] GUERRA, Sérgio. *Introdução ao direito das agências reguladoras*. Rio de Janeiro: Freitas Bastos, 2004. p. 16-27.
[211] BRANCHER, Paulo. "Soluções de controvérsias e as agências reguladoras", 2004, op. cit., p. 44.

salientar que a submissão de litígios a um juízo arbitral não pode prescindir da voluntariedade das partes [...]. Tal característica de livre manifestação de vontade não está presente no processo administrativo, que se rege por princípios e preceitos de direito público.[212]

O art. 3º, V, da Lei nº 9.427/1996 prevê que compete especialmente à Aneel "dirimir, no âmbito administrativo, as divergências entre concessionárias, permissionárias, autorizadas, produtores independentes e autoprodutores, bem como entre esses agentes e seus consumidores".

Como leciona José Emilio Nunes Pinto, o Conselho Nacional de Política Energética (CNPE) aprovou a Resolução nº 5, implementando o novo modelo para o setor elétrico no Brasil. Com a reforma do setor, surgiram dois ambientes distintos para negociação de energia elétrica. O primeiro seria integralmente regulado, e, por isso, criou-se a Administradora de Contratos de Energia Elétrica (ACEE), uma entidade que organizaria a contratação de energia e realizaria a liquidação das operações. Esse ambiente seria parecido com o Mercado Atacadista de Energia (MAE).[213] A respeito da criação de um sistema de solução de controvérsias no setor de energia elétrica, o professor destaca:

---

[212] MORAES, Luiza Rangel de. "Arbitragem e agências reguladoras", 2004, op. cit., p. 77.
[213] Destaca-se que a Câmara de Comercialização de Energia Elétrica, "criada pela Lei 10.848/2004, substituiu o Mercado Atacadista de Energia (MAE) na contabilização e liquidação das transações de compra e venda de energia realizadas entre agentes do setor elétrico, tanto no Ambiente de Contratação Regulada (ACR) quanto no de Livre Contratação (ACL). A *Convenção* de Comercialização de Energia Elétrica, que estabeleceu a estrutura e a forma de funcionamento da CCEE, prevê que as Regras de Mercado sejam convertidas, com as devidas adaptações, em Regras de Comercialização, para garantir a contabilização e a liquidação da energia comercializada na CCEE, conforme o novo modelo instituído pela Lei 10.848/2004 e seus regulamentos" (ANEEL. Aprovado regulamento com as regras de comercialização de energia para 2005. *Informativo Semanal*, n. 158, 3-9 fev. 2005. Disponível em: <www.aneel.gov.br/arquivos/PDF/boletim158.html>. Acesso em: 6 abr. 2012, grifos no original).

Muito embora coincidamos com a posição governamental de que as controvérsias no setor de energia elétrica mereçam um sistema de solução específico, o que expressamente endossamos, cremos, no entanto, que esse sistema de solução de controvérsias deva ser desenhado de modo a pôr fim a estas e não ser, apenas e tão somente, uma etapa de uma longa disputa. A pretendida instância administrativa poderá servir para alongar o período de indefinições e desaguar, a seu final, num litígio a ser resolvido pelo Poder Judiciário, já que não há garantia de que essa sistemática seja capaz de operar como a instância final e definitiva. Nesse sentido, entendemos que a solução mais adequada seria a utilização da arbitragem.[214]

Na visão do autor, no âmbito do modelo de operação do setor de energia elétrica brasileiro, a criação de uma instância administrativa semelhante ao Conselho de Contribuintes poderia ser útil *para dirimir controvérsias atinentes a direitos indisponíveis*. Busca-se a implementação de um órgão colegiado para solucionar litígios entre o Estado, os concessionários e autorizados e a agência reguladora, que tenha representação paritária. O principal objetivo da criação desse órgão seria a redução (e não a proibição, frise-se) do recurso ao Poder Judiciário.[215]

Em comentário ao art. 20 da Lei do Petróleo, o qual estabelece que "o regimento interno da ANP disporá sobre os procedimentos a serem adotados para a solução de conflitos entre agentes econômicos, e entre estes e usuários e consumidores, com ênfase na conciliação e no arbitramento", Carmen Tiburcio e Suzana Medeiros afastam a possibilidade de equipa-

---

[214] PINTO, José Emilio Nunes. Há espaço para a arbitragem no novo modelo para o setor elétrico? *Âmbito Jurídico*, Rio Grande, RS [s.d.]. Disponível em: <www.ambitojuridico.com.br/site/index.php?n_link=revista_artigos_leitura&artigo_id=3946>. Acesso em: 29 set. 2009.
[215] Ibid.

rar o "arbitramento" referido no art. 20 à arbitragem da Lei nº 9.307/1996. Em suma, as autoras afirmam que tal equiparação implica contradição com o instituto da arbitragem, caracterizada pela autonomia da vontade, renúncia da jurisdição estatal, julgamento por árbitro imparcial e procedimento sigiloso.[216]

Verifica-se que tal processo administrativo conduzido pelas agências reguladoras não possui independência com relação ao Poder Judiciário, tendo em vista que as decisões proferidas na última instância administrativa podem ser revisadas judicialmente.[217]

Cumpre destacar a criação da Comissão de Arbitragem das Agências Reguladoras dos Setores de Energia Elétrica, Telecomunicações e Petróleo, a qual tem um corpo de árbitros composto por dois árbitros de cada agência litigante e um representante de agência não envolvida no conflito. Luiza Rangel de Moraes explica:

> A peculiaridade do procedimento é sua natureza pública, correndo em sigilo em caso de risco para a segurança nacional. O procedimento arbitral, todavia, não suspende a execução dos contratos vigentes, nem permite a interrupção dos serviços outorgados pelo Poder Público. [...] Não se poderia afirmar que se

---

[216] TIBURCIO, Carmen; MEDEIROS, Suzana. "Arbitragem na indústria do petróleo no direito brasileiro", 2005, op. cit., p. 57-58.
[217] DI PIETRO, Maria Sylvia Zanella. *Direito administrativo*. 16. ed. São Paulo: Atlas, 2003. p. 405-406. Sobre a revisão da decisão administrativa pelo Poder Judiciário, a autora destaca "a norma do art. 5º, XXXV, da Constituição, em cujos termos 'a lei não excluirá da apreciação do Poder Judiciário lesão ou ameaça a direito'. Esse dispositivo significa a adoção, no direito brasileiro, do sistema de unidade de jurisdição, ao contrário de outros países que seguiram o direito francês e adotaram o sistema da dualidade de jurisdição, que admite, ao lado da jurisdição comum, a jurisdição administrativa, com competência para dirimir conflitos de interesse envolvendo a Administração Pública, com força de coisa julgada. Essa possibilidade não existe no direito brasileiro. Qualquer tipo de ato praticado pelas agências reguladoras, desde que cause lesão ou ameaça de lesão, pode ser apreciado pelo Poder Judiciário".

configura, aqui, autêntico procedimento arbitral, por faltar-lhe, ao menos, dois dos seus elementos básicos: a voluntariedade das partes em aderir a este regime de solução extrajudicial de conflitos e a regência do procedimento pelos princípios e normas da Lei de Arbitragem.

Sobre o tema, pronuncia-se Paulo Brancher:

[D]e acordo com a Resolução n. 1/99, o agente que explora serviços públicos de energia elétrica, serviços de telecomunicações de interesse coletivo ou serviços de transporte dutoviário de petróleo, seus derivados e gás natural, tem direito a compartilhar infraestrutura de outro agente de qualquer desses setores, de forma não discriminatória e a preços e condições justos e razoáveis [...]. A regulamentação prevê que eventuais conflitos de interesse entre agentes (dentre os quais se destacam as disputas relacionadas aos valores cobrados pela utilização da infraestrutura e acusações de pirataria dos postes) deverão ser dirimidos pelas agências reguladoras, através de processo de arbitragem, o qual foi definido na Resolução Conjunta n. 2/01 (Regulamento Conjunto de Resolução de Conflitos das Agências Reguladoras dos Setores de Energia Elétrica, Telecomunicações e Petróleo). [...] Vale mencionar que o processo de resolução administrativa de conflitos será conduzido pelas agências com o objetivo de assegurar a ampla e justa competição entre os agentes, bem como os benefícios aos usuários dos serviços. Para que se instaure o processo de arbitragem, o agente terá o dever de comunicar ao agente com quem diverge, previamente e por escrito, sua intenção de querer solicitar a atuação das agências na resolução do conflito.[218]

---

[218] BRANCHER, Paulo. "Soluções de controvérsias e as agências reguladoras", 2004, op. cit., p. 54-55.

A arbitragem

Ao tratar da arbitragem no âmbito das atividades reguladas, é importante verificar quais relações contratuais seriam passíveis de submissão à arbitragem. Em se tratando de relações com investidores privados, notadamente os estrangeiros, a opção pela arbitragem torna-se mais segura e desejada. Na lição de Pedro A. Batista Martins:

> A par da influência dos custos de transação na opção pela arbitragem, fato é que os investidores estrangeiros, regra geral, por desconhecimento e insegurança, buscam neutralizar os efeitos de uma influência da jurisdição do local dos investimentos através da escolha de um foro independente para solucionar eventuais divergências oriundas da transação entabulada. A esse desejo alinha-se a necessidade de se ter resposta rápida e através de pessoas especializadas nos conflitos que resultam de contratos complexos, não raro de longo prazo, e que o dia a dia resta comumente por mostrar que suas cláusulas e lacunas são objeto de interpretações e de uma necessária integração, de modo a viabilizar sua execução. Agrega-se a essa necessidade certa obsessão natural de se manter a relação comercial entre os contratantes em um cenário globalizado e de extrema competitividade.[219]

A possibilidade de escolher um árbitro especializado na área objeto do litígio tem especial importância, que também leva à opção pela arbitragem, pois a controvérsia será dirimida de forma mais completa e satisfatória. Segundo José Emilio Nunes Pinto,

---

[219] BATISTA MARTINS, Pedro A. Arbitragem e o setor de telecomunicações no Brasil. *Batista Martins Advogados*, Rio de Janeiro, [s.d.]b. Disponível em: <www.batistamartins.com/batistamartins.html>. Acesso em: 29 set. 2009.

"pode-se mesmo afirmar que existe entre as partes e o árbitro especializado uma simetria de informações que assegura que a solução da controvérsia venha a se efetivar da forma esperada".[220] Sobre o tema, o autor afirma que

> a questão da especialização do árbitro assume contornos bastante relevantes quando da escolha da arbitragem como meio de solução de controvérsias. Deve-se ter em mente que os contratos complexos, por sua própria natureza, são tidos como contratos incompletos. A completude de um contrato, quando de sua elaboração, acarreta um aumento significativo dos custos de transação, razão pela qual as partes preferem deixar lacunas e omissões em seu texto para que sejam supridas quando da interpretação das cláusulas contratuais relativas à controvérsia que venha a surgir no curso de sua vigência. Nesses casos, a forma de interpretação mais adequada é a contextual em oposição à interpretação literal. [...] Nesse sentido, deve-se valorizar a especialização do árbitro na matéria objeto da controvérsia que, por deter o mesmo grau de informação das partes, poderá suprir adequadamente as lacunas e omissões contidas nos contratos incompletos. [...] Portanto, no que tange aos direitos patrimoniais disponíveis, quando da escolha entre o recurso ao Poder Judiciário e à arbitragem, deverão as partes analisar a importância do papel que possa vir a ser desempenhado pelo árbitro especialista.[221]

Além disso, devido ao menor grau de litigiosidade entre as partes, que caracteriza a arbitragem, as parcerias comerciais podem ser mantidas, ou seja, não se perde o parceiro para os

---

[220] PINTO, José Emilio Nunes. A arbitragem na recuperação de empresas. *Revista de Arbitragem e Mediação*, São Paulo, ano 2, n. 7, p. 80, out./dez. 2005e.
[221] Ibid.

competidores. Outro ponto importante é a confidencialidade da arbitragem, que evita o vazamento, para a concorrência, de informações acerca da controvérsia.[222]

ARBITRAGEM E O SETOR DE ENERGIA ELÉTRICA

O art. 2º, §§3º a 5º, da Lei nº 10.433/2002, que autorizou a criação do MAE, estabelecia a cláusula arbitral obrigatória nos contratos. A arbitragem prevista pelo MAE deveria observar o sigilo, quando não houvesse óbice legal. O procedimento arbitral tinha curso na Câmara de Arbitragem da Fundação Getulio Vargas, a qual assegura a confidencialidade da arbitragem em seu regulamento.[223] Essa lei foi revogada por outra, de nº 10.848/2004, oriunda da Medida Provisória nº 144, de 11 de dezembro de 2004, que dispõe sobre a comercialização da energia elétrica. O art. 4º, §§5º e 6º, da nova lei também prevê a arbitragem, mencionando expressamente que o procedimento será regido pela Lei nº 9.307/1996, ou seja: não há dúvida de que a lei trata de arbitragem propriamente dita, e não de procedimento administrativo.

Foram propostas duas ações diretas de inconstitucionalidade[224] contra a Medida Provisória nº 144/2004.[225] Entre diversos

---

[222] "Entretanto, ficamos, no caso concreto, com os benefícios da especialidade e da disponibilidade dos árbitros, como elementos primariamente determinantes do mecanismo da arbitragem como meio de solução das disputas no setor de telefonia" (BATISTA MARTINS, Pedro A. "Arbitragem e o setor de telecomunicações no Brasil", [s.d.]b, op. cit.).
[223] LEMES, Selma Maria Ferreira. "Arbitragem na concessão de serviços públicos: arbitrabilidade objetiva – confidencialidade ou publicidade processual?" Revista de Direito Bancário, do Mercado de Capitais e da Arbitragem, São Paulo, v. 6, n. 21, p. 406, jul./set. 2003.
[224] ADIn nº 3.090 e ADIn nº 3.100, de autoria do PSDB e PFL, respectivamente.
[225] Destaca-se que a medida provisória foi convertida na Lei nº 10.848/2004, que dispõe sobre a comercialização de energia elétrica, altera as leis nos 5.655, de 20 de maio de 1971, 8.631, de 4 de março de 1993, 9.074, de 7 de julho de 1995, 9.427, de 26 de dezembro de 1996, 9.478, de 6 de agosto de 1997, 9.648, de 27 de maio de 1998, 9.991, de 24 de julho de 2000, 10.438, de 26 de abril de 2002, e dá outras providências.

aspectos, foi questionada a previsão da arbitragem mandatória no âmbito da CCEE, o que violaria o art. 5º, XXXV, da CRFB. Em sede liminar, o ministro Gilmar Mendes "indeferiu a pretensão do autor, argumentando que o uso da arbitragem se efetivará em consonância com os termos da Lei nº 9.307 de 1996".[226]

Em comentário ao modelo instituído, quando se tratar de disputa sobre direitos disponíveis "decorrentes dos contratos de concessão, constituindo o que a lei hoje denomina de direitos emergentes, entre eles a própria energia produzida e a ser comercializada pelos concessionários, assim como o cumprimento das obrigações impostas às partes e decorrentes dos PPAs", não haveria necessidade de submissão do litígio a uma instância administrativa, considerando-se que da decisão administrativa cabe recurso para o Poder Judiciário, o que é extremamente desgastante e contraproducente. Na lição de José Emilio Nunes Pinto:

> A arbitragem [...] dá lugar a uma decisão não mais sujeita a recurso, solucionando de vez a controvérsia. O marco legal a ela aplicável contém todos os mecanismos de preservação da regularidade do procedimento, sendo que, em caso de desvios, fica facultado o uso de remédios legais que reconheçam a nulidade da sentença arbitral, seja por meio de ação própria para a decretação de nulidade existente, seja em embargos do devedor, em caso de execução. Ademais, vale a pena lembrar que, na sua essência, a arbitragem está fundamentada na independência dos árbitros e em sua neutralidade, durante todo o procedimento, em relação à questão objeto da controvérsia. [...]
> Não há dúvida de que há espaço para uso da arbitragem no novo modelo do setor elétrico brasileiro. Seria de todo conveniente e,

---

[226] PINTO, José Emilio Nunes. A arbitragem na comercialização de energia elétrica. *Revista de Arbitragem e Mediação*, São Paulo, ano 3, n. 9, p. 179-180, abr./jun. 2006.

sobretudo, desejável que, no momento em que o Governo Federal se lança a estudos para criação de mecanismos para solução de controvérsias contratuais entre agentes no contexto desse novo modelo, a ideia de criação de uma instância administrativa, à imagem e semelhança do Conselho de Contribuintes existente na área fiscal, não deva ser vista como excludente da análise de outros mecanismos, como é o caso da Arbitragem.[227]

ARBITRAGEM E O SETOR PETROLÍFERO

A Lei do Petróleo dispõe, no art. 43, X, "que o contrato de concessão [...] terá, dentre as cláusulas essenciais, as que estabeleçam regras sobre solução de controvérsias relacionadas com o contrato e sua execução, *inclusive* a conciliação e a arbitragem internacional" (grifo nosso).[228] O termo "inclusive" pode gerar dúvidas com relação à coexistência das cláusulas de eleição de foro e de arbitragem no mesmo contrato. Sobre o assunto, cumpre relatar a observação de Carmen Tiburcio e Suzana Medeiros:

> As duas cláusula são, a princípio, conflitantes, opostas, e a coexistência de ambas num mesmo contrato pode levar à invalidação de uma delas. Como a arbitragem representa exceção à jurisdição comum, estatal, a cláusula arbitral pode facilmente vir a ser desconsiderada em caso de conflito. A única possibilidade de convivência entre as duas cláusulas num mesmo contrato ocorre quando elas são regidas com extrema cautela, delimitando-se de forma precisa o escopo de cada uma. Por

---

[227] PINTO, José Emilio Nunes. "Há espaço para a arbitragem no novo modelo para o setor elétrico?", [s.d.], op. cit.
[228] BRANCHER, Paulo. "Soluções de controvérsias e as agências reguladoras", 2004, op. cit., p. 53.

exemplo, pode-se determinar que nas hipóteses em que for necessária a intervenção do Poder Judiciário, em razão de a questão estar fora da competência dos árbitros, as partes desde já elegem um determinado foro como competente. Busca-se com esse mecanismo afastar qualquer insegurança ou indefinição quanto ao meio de solução de controvérsias.[229]

As autoras concluem adotando uma posição mais restritiva com relação à arbitrabilidade subjetiva dos entes estatais, nos seguintes termos:

> A melhor interpretação para o dispositivo é, sem dúvida, a que entende que o legislador, ao contemplar a arbitragem, criou apenas uma autorização para a adoção dessa via de solução de controvérsias pela Administração Pública (no caso, a ANP), em respeito ao princípio da legalidade. Isso porque, de acordo com o entendimento de parte substancial da doutrina, a utilização da arbitragem pelo Estado e por entes da Administração Pública só é possível se houver lei autorizativa.[230]

Por seu turno, Joaquim de Paiva Muniz afirma:

> Os contratos de concessão de exploração e produção de petróleo e gás natural enquadram-se entre os contratos de exploração de atividade econômica pelo Estado e, portanto, são de natureza privada. Não obstante, estão sujeitos a certas regras de direito administrativo, devido ao interesse coletivo associado à atividade petrolífera. [...] Conclui-se, então, que o contrato de concessão de petróleo e gás natural consiste em relação jurídica privada – exploração de atividade econômica –, mas

---

[229] TIBURCIO, Carmen; MEDEIROS, Suzana. "Arbitragem na indústria do petróleo no direito brasileiro", 2005, op. cit., p. 65-66.
[230] Ibid.

que deve observar determinadas normas de direito público, por haver certos interesses públicos. Por conseguinte, as relações jurídicas decorrentes são multifacetadas, com elementos tanto de direito público quanto de direito privado.[231]

Esclarece José Alberto Bucheb que as cláusulas compromissórias constantes dos contratos de concessão[232] brasileiros preveem que o procedimento arbitral será desenvolvido na cidade do Rio de Janeiro. Determina-se a adoção do idioma português, embora seja permitida a apresentação de documentos e depoimentos em língua estrangeira, por determinação dos árbitros, sem que a tradução oficial seja necessária. A lei aplicável ao mérito do litígio é a brasileira. Quanto à possibilidade de as partes alterarem a cláusula compromissória, deslocando a sede da arbitragem para o exterior, a ANP entende que não haveria violação à indisponibilidade do interesse público, pois o art. 43, X, da Lei do Petróleo autoriza a arbitragem internacional.[233]

Questões de automonitoramento

1. Após ler este capítulo, você é capaz de resumir o caso gerador apresentado no capítulo 5, identificando as partes envolvidas, os problemas atinentes e as possíveis soluções cabíveis?

---

[231] MUNIZ, Joaquim de Paiva. "Os limites da arbitragem nos contratos de concessão de exploração e produção de petróleo e gás natural", 2004, op. cit.
[232] Sobre a cláusula compromissória nos contratos de concessão da sétima rodada de licitação da ANP, assevera Carmen Tiburcio: "A cláusula arbitral propriamente dita da sétima rodada não teve alterações significativas de conteúdo com relação à sexta rodada. [...] Todavia, é de se destacar a referência expressa à possibilidade de as Partes ajuizarem cautelares antes ou durante o procedimento arbitral, requerendo-as diretamente ao Judiciário" (TIBURCIO, Carmen. A arbitragem como meio de solução de litígios comerciais internacionais envolvendo o petróleo e uma breve análise da cláusula arbitral da sétima rodada de licitações da ANP. Revista de Arbitragem e Mediação, São Paulo, ano 3, n. 9, p. 95, abr./jun. 2006).
[233] BUCHEB, José Alberto. A arbitragem internacional nos contratos da indústria do petróleo. Rio de Janeiro: Lumen Juris, 2002. p. 20-21.

2. Quais as principais barreiras vistas pela doutrina e pela jurisprudência para admitir a arbitrabilidade nos contratos administrativos?
3. As entidades da administração pública precisam de autorização legislativa para serem parte do procedimento arbitral? Caso sim, essa autorização já existe? Cite o(s) dispositivo(s) legal(is).
4. Como saber se o litígio envolve direitos indisponíveis no âmbito dos contratos administrativos?
5. O método de solução de controvérsias que ocorre no seio da agência reguladora pode ser considerado uma arbitragem legítima, regida pela Lei nº 9.307/1996? Por quê?
6. Qual seria a interpretação adequada do art. 43, X, da Lei nº 9.478/1997?
7. Pense e descreva, mentalmente, alternativas para a solução do caso gerador apresentado no capítulo 5.

4

Dispute board

Roteiro de estudo

Histórico e conceito

Segundo definição de Arnoldo Wald:[234]

> Os *dispute boards* (DB) são painéis, comitês ou conselhos para a solução de litígios cujos membros são nomeados por ocasião da celebração do contrato e que acompanham a sua execução até o fim, podendo, conforme o caso, fazer recomendações (no caso dos Dispute Review Boards – DRB) ou tomar decisões (Dispute Adjudication Boards – DAB) ou até tendo ambas as funções (Combined Dispute Boards – CDB), conforme o caso, e dependendo dos poderes que lhes forem outorgados pelas partes.

---

[234] WALD, Arnoldo. A arbitragem contratual e os *dispute boards*. *Revista de Arbitragem e Mediação*, ano 2, n. 6, p. 18, jul./set. 2005.

Relata o autor[235] que o surgimento do *dispute adjudication board* ocorreu em virtude da necessidade de criação de um meio que significasse a evolução da função do perito ou *arbitrator* nos contratos de grandes obras de construção, mas que não fosse um sistema tão complexo quanto o da arbitragem. Destaca o autor[236] que, se for do consenso das partes, as decisões dos *dispute boards* podem ser analisadas por um tribunal arbitral ou Poder Judiciário. Pode haver anulação ou reforma da decisão. Todavia reforça que as decisões não têm efeito suspensivo, mas suspendem a execução das simples recomendações que não são vinculatórias. Esclarece que é mais comum a previsão de arbitragem após o *dispute board*, em vez do Poder Judiciário, para fixação de eventuais créditos e débitos entre os contratantes.

Segundo Gilberto José Vaz,[237] os contratos de obra, após o período da II Guerra Mundial, se tornaram muito complexos e passaram a demandar o estudo em outras áreas também, como avaliação do impacto ambiental. Explica o autor:

> Em 1975, o procedimento de DB foi utilizado experimentalmente para acompanhar a execução do grandioso projeto de construção do Eisenhower Tunnel, no estado americano do Colorado, com absoluto sucesso. A partir de então, o método veio ganhando alguma relevância, com a utilização em alguns projetos, sobretudo nos Estados Unidos, sendo que sua adoção pelas partes contratantes era objeto de negociações específicas, nem sempre fáceis, pois os proprietários relutavam em abrir mão do seu tradicional poder.[238]

---

[235] Ibid., p. 18.
[236] Ibid., p. 19.
[237] VAZ, Gilberto José. Breves considerações sobre os *dispute boards* no direito brasileiro. *Revista de Arbitragem e Mediação*, ano 3, n. 10, p. 166, jul./set. 2006.
[238] Ibid., p. 167.

Gilberto José Vaz esclarece que na época da construção do Eisenhower Tunnel, os *dispute boards* não tinham regras e procedimentos complexos a serem seguidos, e as partes não estavam obrigadas a aceitar a opinião das juntas de especialistas. Destaca-se que essas juntas eram formadas por especialistas com notoriedade e *expertise* da matéria que estava em discussão. Os componentes do *dispute board* tinham um profundo conhecimento sobre a obra ou o serviço que era objeto do conflito.

Outros exemplos do uso de *dispute boards* são: Jogos Olímpicos de Londres 2012 (Reino Unido), túnel do porto de Dublin (Irlanda) e aeroporto internacional (Hong Kong).

Gilberto José Vaz esclarece a importância da participação do Banco Mundial para o desenvolvimento dos *dispute boards*:

> A experiência do Banco Mundial é especialmente importante para a história dos Dispute Boards. A atuação da instituição em sede de DB remonta à construção da hidroelétrica El Cajon em Honduras, na década de 80, quando, pela primeira vez na sua história, o Banco recomendou a adoção de um modelo de junta de resolução de conflitos em um contrato, o que se deu com extremo sucesso. A partir de então, o Banco Mundial veio ampliando o uso do método, o que, com o suporte da Dispute Resolution Board Foundation, desembocou na consolidação, em seu Procturement of Works atual, da obrigatoriedade de Dispute Boards para muitos dos projetos que financia, em observância a determinadas faixas de preço.[239]

Arnoldo Wald[240] esclarece que os *dispute boards* utilizados no cenário internacional pelo Banco Mundial e por outras

---

[239] Ibid., p. 169.
[240] WALD, Arnoldo. "A arbitragem contratual e os *dispute boards*", 2005, op. cit., p. 19.

organizações financeiras internacionais têm como objetivo a manutenção do bom funcionamento do contrato e a resolução do conflito sem necessidade de encaminhar a demanda para o Poder Judiciário ou à arbitragem. Têm ainda duas finalidades: (i) manutenção de um clima agradável e construtivo permitindo a finalização da construção do projeto no prazo estipulado antes do surgimento do litígio e (ii) celeridade e segurança jurídica, pois não é necessário aguardar a decisão judicial ou arbitral, preliminar ou cautelar.

Arnoldo Wald[241] destaca que os *dispute boards* foram utilizados na construção do Eurotunel, principalmente, em decorrência das dificuldades técnicas e financeiras para construção embaixo do canal da Mancha. As controvérsias surgiram em virtude da magnitude da obra, da falta de previsão de custos, do descumprimento de exigências governamentais e da necessidade de garantir a segurança das pessoas. Na visão do autor,[242] o resultado, com a utilização dos *dispute boards*, foi um sucesso, pois os prazos puderam ser respeitados e, se comparado com construções semelhantes, como o canal de Suez e o do Panamá, "verificaremos que constituiu verdadeiro milagre no plano tecnológico e jurídico".

Aqui no Brasil, os *dispute boards* ganharam destaque quando foram previstos em contratos referentes à expansão do sistema do metrô de São Paulo, uma vez que aquele projeto teve financiamento do Banco Mundial. Também são utilizados em grandes contratos de mineração de cobre.[243]

---

[241] Ibid., p. 20.
[242] Ibid., p. 20.
[243] VALDES, Juan Eduardo Figueroa. *A arbitragem em contratos de concessão de obras públicas no Chile*: incorporação dos "dispute boards ou painéis técnicos ou de especialistas". Santiago, 2011. Disponível em: <www.josemigueljudice-arbitration.com/xms/files/02_TEXTOS_ARBITRAGEM/01_Doutrina_ScolarsTexts/miscellaneous/Arbit._em_Contratos_de_Concessao_no_Chile.pdf>. Acesso em: 21 jul. 2011.

Vantagens do uso dos dispute boards

Conforme observado por Arnoldo Wald:

> A grande vantagem desses organismos [*dispute boards*] é o fato de serem os seus membros especialistas na matéria (objeto do contrato), que vão participar do andamento do negócio, desde o início até o fim, conhecendo todos os seus problemas. Assim, convocados em qualquer momento, podem examinar rapidamente as divergências existentes, com independência e neutralidade, dando a solução que mais interessa para o cumprimento do contrato, sem prejuízo de posteriores acertos de contas, que poderão ser objeto de negociação ou arbitragem.[244]

Outra vantagem, apontada por Gilberto José Vaz,[245] é a adoção dos *dispute boards* em contratos que visem à não paralisação das obras para a resolução do litígio. Como destaca, "a paralisação era ainda seguida de disputas judiciais ou arbitrais longas, custosas e com desfecho incerto".

Observa o autor[246] que o uso dos *dispute boards* visa estimular mais investimentos em infraestrutura e custos mais competitivos, pois o contratado não será onerado devido à paralisação das obras e ao não recebimento do valor pactuado com a demora na solução do conflito. Todavia, acredita Gilberto Vaz que "os custos de implantação e de manutenção de um Dispute Board, contudo, sinalizam que tal crescimento concentrar-se-á sobretudo nos contratos de trato sucessivo de médio e grande porte".

---

[244] WALD, Arnoldo. "A arbitragem contratual e os *dispute boards*", 2005, op. cit., p. 18.
[245] VAZ, Gilberto José. "Breves considerações sobre os *dispute boards* no direito brasileiro", 2006, op. cit., p. 167.
[246] Ibid., p. 171.

Arnoldo Wald[247] esclarece que em muitas obras são utilizados *project finances* e que sua estrutura não vislumbra atrasos na fase de obras nem na de pagamentos, o que, caso aconteça, pode perturbar o fluxo de caixa.

Outra vantagem apontada por Arnoldo Wald é a celeridade. Na sua visão:

> A importância crescente dos *dispute boards* (DB) decorre, como já assinalamos, da inviabilidade de termos um hiato na execução do contrato e da velocidade que o mundo moderno exige dos empresários para a tomada de decisões. O tempo do dispute board é diferente do da Justiça e da arbitragem, mesmo se, em alguns casos mais complexos, o acerto final das contas, em virtude de uma renegociação, puder ser deixado para um outro momento, desde que as partes sejam solventes e haja garantias adequadas, e desde que não se prejudique o andamento do contrato.[248]

A possibilidade de escolha das regras também é outra vantagem na escolha pelos *dispute boards*. Seguindo o princípio da autonomia da vontade, as partes podem escolher modelo, idioma, regras, enfim, a forma como os *dispute boards* constituídos para a solução dos conflitos deverão funcionar. No entanto, Cristina Ayoub Riche[249] observa que o princípio da vontade sofre algumas limitações, entre elas os preceitos de ordem pública e bons costumes e as imposições legais.

O *dispute board*, como destaca Arnoldo Wald,[250] foi inicialmente criado para ser utilizado em contratos de obras civis,

---

[247] WALD, Arnoldo. "A arbitragem contratual e os dispute *boards*", 2005, op. cit., p. 19.
[248] Ibid.
[249] RICHE, Cristina Ayoub. *Lei de Arbitragem nº 9.307/96*: uma solução alternativa para os conflitos de ordem jurídica. Rio de Janeiro: UniverCidade, 2001. p. 128.
[250] WALD, Arnoldo. "A arbitragem contratual e os *dispute boards*", 2005, op. cit., p. 20.

mas nada impede que seja utilizado em concessões, parcerias público-privadas, contratos de fornecimento de longo prazo e no campo societário, quando houver interpretação e aplicação de acordo de acionistas.

Cristopher Koch aponta outras vantagens:

> Em primeiro lugar, o procedimento que se conclui com uma recomendação proporciona às partes a possibilidade de colocar suas próprias posições e argumentos à prova, sem correr o risco de ter que se conformar imediatamente com a solução proposta pelo DRB. Assim, se as partes não cumprem uma recomendação, esta última frequentemente constitui o ponto de partida para novas negociações entre elas, que poderão, ao final, conduzir a um acordo. Uma outra vantagem de um procedimento DRB advém do fato que o DRB dispõe de mais flexibilidade para encontrar soluções. O caráter não obrigatório da recomendação permite ao DRB adotar uma postura baseada no interesse, ao invés de proceder a uma resolução puramente contratual da controvérsia, baseada nos direitos das partes. Em suma, o caráter consensual e essencialmente não acusatório do procedimento de DRB pode torná-lo mais atrativo e aceitável para partes que atuam de acordo com uma cultura de compromisso, na qual é mais importante preservar a relação pessoal entre as partes contratantes do que ter uma certeza contratual.[251]

Funcionamento de um dispute board

Como esclarece Cristopher Koch, o *dispute board* é um sistema de dois níveis:

---

[251] KOCH, Cristopher. Novo regulamento da CCI relativo aos *dispute boards*. *Revista de Arbitragem e Mediação*, ano 2, n. 6, p. 151, jul./set. 2005.

Em primeiro lugar, todas as controvérsias são submetidas ao Dispute Board, que emite uma determinação. Se uma das partes não aceitar as conclusões do DB, ela pode submeter a controvérsia à arbitragem para obter uma decisão definitiva, desde que as partes tenham previsto na cláusula de resolução das controvérsias remetê-las à arbitragem. Se este não for o caso, a controvérsia deverá ser decidida definitivamente pelas jurisdições estatais competentes, seja em virtude de uma eleição expressa do foro, seja em virtude das regras de competência.[252]

Espécies de *dispute boards* segundo o regulamento da International Chamber of Commerce

Segundo a International Chamber of Commerce, são três espécies: (a) *dispute review boards*; (b) *dispute adjudication boards*; (c) *combined dispute boards*.

Conforme esclarece Gilberto José Vaz:[253] "A diferença crucial entre tais modelos reside justamente na obrigatoriedade agregada às manifestações do Dispute Board, que podem ser: (i) vinculativas desde a emissão; (ii) vinculativas depois de escoado determinado prazo; ou (iii) não vinculativas".

A escolha da espécie de *dispute board* é das partes. Cristopher Koch esclarece que:

> O regulamento [da ICC] não contém uma disposição supletiva prevendo a constituição de um tipo de DB em lugar de outro, se a vontade das partes não estiver claramente expressada na cláusula. Por isso, um grave desacordo entre as partes quanto

---

[252] Ibid., p. 145.
[253] VAZ, Gilberto José. "Breves considerações sobre os *dispute boards* no direito brasileiro", 2006, op. cit., p. 168.

à natureza do DB poderia impedir o mesmo de funcionar. Mas se as partes utilizarem as cláusulas-padrão relativas aos Dispute Boards da CCI, este problema não se produzirá.[254]

Dispute boards

Na espécie *dispute review boards*, as recomendações emitidas não são obrigatórias imediatamente. Somente o serão se, decorrido o prazo de 30 dias (ou outro convencionado pelas partes), não houver manifestação, por escrito, de insatisfação. Assim, as partes deverão cumprir, por força contratual, essa recomendação, renunciando ao direito de contestar a recomendação ou de demandar perante um tribunal arbitral ou juiz aquele mesmo objeto (dependendo da existência, ou não, de cláusula compromissória).

Havendo manifestação, por escrito, de insatisfação, a recomendação não se tornará obrigatória e não haverá qualquer obrigação a ser cumprida. Todavia o direito de renúncia à arbitragem ou ao Poder Judiciário não terá efeito, de modo que a parte insatisfeita com a manifestação apresentada pode continuar com a demanda (arbitral ou judicial).

Cristopher Koch[255] representa graficamente o *dispute board* conforme figura 1.

Na espécie *dispute adjudication boards* as recomendações emitidas são obrigatórias desde o início e vinculam as partes mesmo que uma delas expresse sua insatisfação. A parte insatisfeita tem 30 dias, ou outro prazo convencionado pelas partes, para apresentar manifestação por escrito, mas isso não a exime do cumprimento da recomendação.

---

[254] KOCH, Cristopher. "Novo regulamento da CCI relativo aos *dispute boards*", 2005, op. cit., p. 155.
[255] Ibid., p. 150.

Figura 1
REPRESENTAÇÃO GRÁFICA DE *DISPUTE REVIEW BOARD*

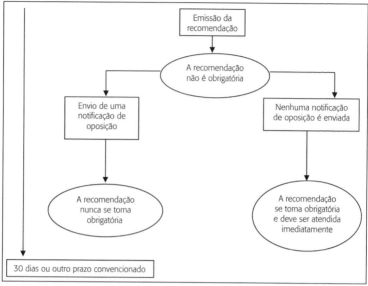

Fonte: Koch (2005:150).

DISPUTE ADJUDICATION BOARDS

Se não houver manifestação de insatisfação, a decisão permanece obrigatória. Conforme esclarece Cristopher Koch,[256]

> isto significa que, não só as partes se comprometem contratualmente a submeter-se à decisão, mas também que elas se obrigam a renunciar a qualquer direito de contestar futuramente essa decisão perante o árbitro ou juiz, ou levar novamente a decisão a julgamento, sempre que tal renúncia possa ser feita validamente.

Cristopher Koch[257] representa graficamente este *dispute board* conforme a figura 2.

---

[256] Ibid., p. 152.
[257] Ibid., p. 152.

Figura 2
REPRESENTAÇÃO GRÁFICA DE *DISPUTE ADJUDICATION BOARD*

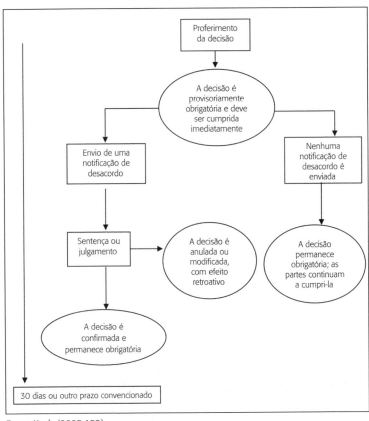

Fonte: Koch (2005:152).

COMBINED DISPUTE BOARDS

Na espécie *combined dispute boards* busca-se combinar as vantagens das outras duas espécies. É uma espécie nova. Conforme esclarece Cristopher Koch,[258] "um CDB emite normalmente

---

[258] Ibid., p. 154.

recomendações como um DRB. Porém, a título excepcional e a pedido de uma das partes, o CDB pode proferir uma decisão".

Qualificação dos membros de um dispute board

As partes podem escolher como membros de um *dispute board* homens, mulheres, advogados, engenheiros, economistas, médicos etc., ou seja, aqueles que tenham as qualidades técnicas necessárias para a análise daquela questão.

A presença de um advogado ou conhecedor do direito não é obrigatória, todavia é importante que algum membro esteja familiarizado com os procedimentos jurídicos.

Questões de automonitoramento

1. Após ler este capítulo, você é capaz de resumir o caso gerador apresentado no capítulo 5, identificando as partes envolvidas, os problemas atinentes e as possíveis soluções cabíveis?
2. O que são os *dispute boards* (DB)? Como foi seu surgimento?
3. Cite três vantagens do uso de *dispute boards*.
4. Atualmente, no Brasil, é possível o uso de *dispute boards*? Em caso afirmativo, em que áreas?
5. Como é o funcionamento de um *dispute board*?
6. Como funciona a espécie *dispute review boards*?
7. E a *dispute adjudication boards*?
8. Defina a espécie *combined dispute boards*?
9. Pense e descreva, mentalmente, alternativas para a solução do caso gerador apresentado no capítulo 5.

# 5

Sugestões de casos geradores

Mediação de conflitos: histórico, conceito, princípio fundamental e procedimentos. Código de ética, panorama nacional e internacional. Áreas de aplicação, recursos técnicos e benefícios (cap. 1)

Caso 1. Mediação e negociação[259]

O conflito que afetou o condomínio fechado denominado Morro do Chapéu (localizado em Nova Lima, cidade vizinha de Belo Horizonte/MG, com aproximadamente 2 mil morado-

---

[259] Outro caso para discussão: a experiência de facilitação entre dois hospitais. Dois hospitais públicos em Buenos Aires – General de Agudos Doctor Juan A. Fernández e Bernardino Rivadavia –, ambos com o mesmo objetivo, cresceram e se desenvolveram de forma autônoma durante sua coexistência e sem qualquer política de complementação. As duas instituições se mostravam com características diferenciadas em alguns aspectos relevantes. Todavia nenhuma podia ser considerada autossuficiente no que tange à sua gestão. Não havia esforços por parte das instituições para, em conjunto, desenvolver trabalhos visando ao melhor atendimento à sociedade necessitada. Eram culturas diferentes, necessidades diferentes, perfis diferentes e planificações diferentes, mas com

res), dois empreendimentos industriais (Mineração Prima S/A – Miprisa – e Minerações Brasileiras Reunidas S/A – MBR), o Ministério Público, o Conselho Estadual de Política Ambiental (Copam) e a Fundação Estadual do Meio Ambiente (Feam) perdurou por três anos, de 1993 a 1996, ano em que o acordo foi celebrado entre as partes.

A divergência teve início quando o empreendimento industrial MBR quis explorar a área vizinha ao condomínio, no lado oposto à exploração já existente, feita pela Miprisa. As atividades de exploração de ferro funcionam 24 horas por dia, produzem poeira e ruído, necessitam de maquinário pesado, transportam o produto extraído em caminhões que suportam mais de 200 toneladas de material e demandam o trabalho vigilante de uma grande equipe para acompanhamento da execução das atividades. A extração de minério pela MBR tinha vida média prevista para 30 anos. Em razão de todo o exposto, os moradores do condomínio não queriam o aumento das atividades de extração naquela área.

A extração de minério, por ser considerada uma atividade que agride o meio ambiente, poluidora e ruidosa, deve seguir leis muito rígidas.

Diante do impasse, o empreendimento industrial realizou palestras para os moradores do condomínio, objetivando esclare-

---

algo em comum: dificuldade em solucionar seus problemas e melhorar o atendimento prestado. A ideia proposta inicial foi criar um ambiente que permitisse a aproximação entre as partes. O processo de facilitação de diálogos precisa de uma clara exposição de motivos, de propósitos e de sua operacionalização, desde o início. É preciso que as regras do processo fiquem bem claras no que se refere ao número de reuniões, datas, duração, pauta, entre outros. A multiplicidade de temas a serem discutidos tornou necessária a instauração "de uma agenda de trabalho". Durante as reuniões, houve, inclusive, a participação de outros hospitais devido à especialidade de cada um, como o Hospital de Niños Ricardo Gutiérrez, para discussão da agenda sobre obstetrícia e oncologia. Ao final de todo o trabalho, houve: (a) otimização de recursos que beneficia a pessoa atendida e o Estado; (b) o término de rivalidade entre os hospitais; (c) sustentabilidade do processo; e (d) fim das resistências de trocas intraorganizacionais (ABREVAYA, Sergio; BASZ Victoria. *Facilitación en políticas públicas:* una experiencia interhospitalaria. Buenos Aires: Librería Histórica, 2005).

cer quais seriam os impactos sofridos por todos. O condomínio, após a formação de uma associação de moradores para discussão do tema, formula reclamações perante o Copam e a Feam. Em decorrência da matéria, o Ministério Público é chamado. A associação, com a aprovação do Ministério Público, apresenta uma proposta ao empreendimento empresarial, que concorda em iniciar as negociações. As partes realizam diversas reuniões até a celebração do acordo final.

Visando ao cumprimento total do acordo, Feam e Copam condicionam a aprovação do projeto ao seu adimplemento. Uma das medidas compensatórias do acordo foi a doação de áreas recuperadas pelo empreendimento industrial ao condomínio. Mesmo após a celebração do acordo, as partes mantêm reuniões periódicas de monitoramento e o empreendimento industrial realiza um trabalho educacional junto aos novos moradores do condomínio.

Na visão das partes, o acordo foi a melhor alternativa possível, e a resolução do conflito pela via judicial (i) não contemplaria os interesses de todos os envolvidos, (ii) não abarcaria a questão ambiental de forma integral e (iii) perduraria por muitos anos no Poder Judiciário, devido à complexidade do conflito e ao grande número de partes envolvidas, assim como (iv) contribuiria para uma relação adversarial entre as partes.

1. Que elementos integrantes desse conflito se destacariam, visando a uma solução que contemplasse a todos (interesses de cada ator do conflito)?
2. Nessa situação, as partes agiram prudentemente por tentar solucionar a controvérsia com o uso da mediação e da negociação, ou a parte que se sentiu lesada deveria ter ingressado com demanda judicial logo no início? Por quê?
3. Que abrangência deve ter um acordo que envolva essa complexidade?

Caso 2. Processos colaborativos/facilitação de diálogos

As árvores araucárias paranaenses nativas que estão na fronteira da província de Misiones são consideradas, por ecologistas e ambientalistas, "dinossauros vivos do planeta", pois têm mais de 300 anos. Eles esclarecem que são espécies não mais encontradas em nenhuma outra área do planeta, e sua conservação é necessária para o desenvolvimento da biodiversidade, considerada hoje a maior esperança científica para melhorar a saúde e a qualidade de vida dos homens.

No município fronteiriço entre Brasil e Argentina, onde se encontram 1.100 exemplares, uma lei, em 1995, declarou a árvore "monumento histórico", proibindo sua extração e a comercialização da madeira.

No entanto, numerosas normas – decretos do Ministério da Ecologia e da Direção Provincial de Terras do Ministério de Assuntos Agrários da Província de Misiones, resoluções da administração e decretos – estão modificando a lei original, gerando confusão na sua interpretação no que se refere às exceções à proibição mencionada e ao destino da madeira. As exceções à proibição se baseiam em casos em que as árvores põem em risco a vida e/ou bens dos habitantes.

Durante os dois últimos anos, alguns vizinhos iniciaram manifestações na prefeitura solicitando que algumas árvores que rodeiam suas propriedades sejam arrancadas porque estão colocando em risco a saúde e a vida dos que habitam aqueles lugares. A maioria dos vizinhos é de imigrantes brasileiros que ocupam a terra e depois solicitam permissão de ocupação às autoridades competentes. Muitos vivem em bairros precários, financiados por programas governamentais.

Como consequência do trâmite das manifestações, foi publicado um decreto por parte do Ministério da Ecologia autorizando a remoção das araucárias mortas e doentes em determinados lugares. No total, 249 árvores serão removidas.

No entanto, em decorrência da medida, as vozes da Rede de Associações Ecológicas da província estão sendo ouvidas pela imprensa. Estão denunciando vários feitos, sustentando abuso e ilegalidade da medida. Expressam ainda, nos meios de comunicação e outros canais de informação, os seguintes argumentos:

- que uma das principais causas do conflito é a anuência das autoridades municipais e provinciais em permitir que os imigrantes ocupem terras onde vivem as árvores;
- que por trás da medida podem existir negócios duvidosos referentes à comercialização da madeira;
- razões eleitorais para "compra de votos" das pessoas sem terra;
- os controles necessários para a conservação das araucárias não são feitos, permitindo que os mesmos habitantes as "condenem à morte" a fim de poderem pedir sua remoção;
- os incêndios frequentes no Parque Estadual de Araucária são provocados e têm como finalidade possibilitar a extração da madeira.

Os ecologistas reivindicam a suspensão das medidas de remoção e a urgência de planejamento urbano para o povo que, com a sanção da Lei do Corredor Verde, se mudou para uma área especial que visa conservar a mata originária na região. Enfatizam o início imediato de ações contra os responsáveis pelo conflito.

A denúncia aponta diretamente para os políticos locais e provinciais, razão pela qual o ministro da Ecologia da província – um ambientalista conhecido pela sua trajetória – decide não implementar o decreto (assinado por ele mesmo) e solicitar a intervenção de uma organização neutra, especialista em mediar conflitos, para participar de uma mediação sobre o caso.

O administrador disse que cumprirá sua palavra frente aos muitos vizinhos – pouco antes das eleições – no sentido de proteger suas vidas em detrimento das árvores e acusa o ministro de covardia por não cumprir as leis.

A Rede de Associações Ecológicas da província está hesitante em participar da mediação porque entende que o objetivo será legitimar a decisão já tomada. A rede tem conseguido algum apoio de organizações ecológicas nacionais e tem ao seu lado muitos habitantes da cidade, que veem nas araucárias a única possibilidade de crescimento futuro, por meio do desenvolvimento turístico e possível financiamento de organizações mundiais para a conservação do planeta.

Partes do caso:

- ministro de Ecologia da província;
- diretor de Terras do Ministério de Assuntos Agrários;
- representantes da Fundação Vida Silvestre Argentina;
- representantes da Rede de Associações Ecológicas;
- administrador local;
- administrador local eleito;
- Secretaria de Fazenda local;
- vizinhos que moram embaixo das araucárias;
- presidente da Câmara de Comércio;
- dona do hotel da cidade;
- administrador dos parques provinciais;
- diretoras de escolas;
- arquiteto do povoado;
- presidente do Corpo de Bombeiros Voluntários;
- Secretaria local de Obras Públicas;
- professores da escola de guardas-parque;
- religiosos;
- jornalistas;
- vizinhos afetados e não afetados;
- Câmara de Comerciantes.

Após a identificação das partes:

1. Construa uma definição positiva do problema que contemple os interesses e necessidades de todos os participantes de forma a motivá-los a participar do processo de diálogos.
2. Desenhe uma trajetória para esse processo de diálogo.
3. Identifique as informações que devem ser distribuídas aos participantes.

Caso 3. Processos colaborativos/facilitação de diálogos

A cidade de Puerto Iguazú, com população de 30 mil habitantes, localizada na província de Misiones, além de ser o local das famosas cataratas, abriga parte do corredor verde da selva paranaense (uma das zonas produtoras de oxigênio mais importantes do mundo).

No começo de 2003, uma pequena mas significativa ocupação de terra teve início no município. Alguns habitantes haviam ocupado parte dos 2 mil hectares de terra fiscal coberta de selva. Essas terras, em meados dos anos 1990, foram doadas ao município de Iguazú para expansão urbana da cidade. A ocupação irregular se deu de duas formas: com objetivo urbano e rural. No primeiro caso, aproximadamente 400 hectares foram ocupados de forma desorganizada e com a construção de casas atualmente em situação de risco sanitário por ausência de serviços de infraestrutura básica. No segundo, a ocupação se deu em, aproximadamente, 1.200 hectares. Os terrenos foram subdivididos em lotes de um a três hectares, mas muitas vezes eram utilizados para especulação imobiliária ou venda informal, em vez do cultivo.

Cada grupo defendia seus interesses, justificando a ocupação com a falta de emprego, com a ausência de políticas orientadoras do uso da terra e com a falta de oferta de moradias no município.

A opinião pública rechaçou veementemente a ocupação. Um grupo de ocupantes rurais fundou a Associação dos Trabalhadores Rurais de Iguazú, para defender seus direitos. A administração do Parque Nacional manifestou sua preocupação com o impacto ambiental decorrente da ocupação dos hectares. A Indes, organização regional de desenvolvimento agrícola, fez um estudo e detectou que a exploração agrária minifundiária tem impacto negativo no meio ambiente. Os empresários do setor de turismo também manifestaram sua preocupação com o impacto que a ocupação trará para o setor.

A situação é tensa e o número de ocupantes cresce a cada dia, sendo que as vias política e judiciária parecem impróprias para a resolução do conflito.

Com base no caso[260] apresentado, responda:

Em virtude do grande número de ocupantes, representantes, políticos envolvidos, é viável o uso da mediação/facilitação de diálogos para solução desse conflito? Em caso positivo, como deve(m) o(s) mediador(es)/equipe de facilitadores proceder?

Caso 4. Construção de consenso

A Lei nº 9.433/1997 introduziu o gerenciamento de recursos hídricos para as bacias do Brasil. Os principais princípios são:

1. a água é bem de domínio público;
2. a água é recurso natural limitado, dotado de valor econômico;
3. em caso de escassez, o uso prioritário da água é para o consumo humano e dessedentação de animais;
4. a gestão deve propiciar o uso múltiplo da água;
5. a bacia hidrográfica é eleita como unidade de planejamento;
6. a gestão deve ser descentralizada e participativa.

---

[260] Caso Iguazú – 2.000 hectares: ocupação irregular de 2.000 hectares de terras fiscais. Extraído de: *Diplomado Internacional*. Buenos Aires, 10-14 jul. 2006 (trad. livre).

Os principais instrumentos básicos de gestão são:

1. os planos de recursos hídricos (por bacia hidrográfica, estado e país);
2. o enquadramento dos corpos de água em classes de uso;
3. a outorga de direito de uso dos recursos hídricos;
4. a cobrança pelo uso dos recursos hídricos;
5. o sistema de informações sobre recursos hídricos.

O novo quadro institucional (Sistema de Gerenciamento de Recursos Hídricos) é composto por:

❏ Secretaria de Recursos Hídricos do Ministério do Meio Ambiente;
❏ Conselho Nacional de Recursos Hídricos;
❏ conselhos estaduais de recursos hídricos;
❏ comitês de bacias hidrográficas;
❏ agências de água;
❏ órgãos públicos federais, estaduais e municipais relacionados a recursos hídricos.

A referida lei também introduziu instrumentos econômicos, além de instrumentos de comando e controle, realizando a integração de instrumentos já existentes no ordenamento jurídico brasileiro. Foi responsável, ainda, pela forma compartilhada de gestão de água.

Conforme destacado por José Carlos Carvalho (ministro do Meio Ambiente em 2002), na apresentação da cartilha de 2002 sobre Política Nacional de Recursos Hídricos elaborada pelo Ministério do Meio Ambiente, "a água ocupa um lugar especial nesta agenda, que tem como princípio norteador, entre outros, a gestão compartilhada, descentralizada e participativa".[261]

---

[261] Disponível em: <http://biblioteca.ixconsult.com.br/info.php?id=1050>. Acesso em: em: 12 nov. 2013.

Discuta sobre a gestão compartilhada, introduzida pelas Leis n°s 9.433/1997 e 9.984/2000, das bacias hidrográficas – benefícios e custos.

Parceria público-privada (cap. 2)

Após a promulgação da Lei nº 11.079, de 30 de dezembro de 2004 – a Lei Federal de PPPs –, foi editada legislação no âmbito estadual que regulamentou as parcerias público-privadas, e alguns projetos começaram a ser esboçados. A título de exemplo, podemos citar o projeto de linha 4 do metrô de São Paulo, uma concessão patrocinada sob a égide da Lei Estadual nº 11.688/SP; o sistema de disposição oceânica do Jaguaribe, que será uma concessão administrativa contratada pela Empresa Baiana de Águas e Saneamento S/A (Embasa), sob égide da Lei Estadual nº 9.290/BA; e a recuperação e manutenção da rodovia MG-050, regulada pela Lei Estadual nº 14.868 (MG), de 16 de dezembro de 2003. Analisando-se mais detidamente a PPP a ser contratada em Minas Gerais, trata-se de concessão patrocinada, sendo a Codemig a empresa estatal garantidora.[262]

Tanto a Lei Federal de Parcerias Público-Privadas quanto a estadual (MG) consagraram a solução de litígios pela via arbitral.

O art. 11, III, da Lei nº 11.079/2004 dispõe:

> Art. 11. O instrumento convocatório conterá minuta do contrato, indicará expressamente a submissão da licitação às normas desta Lei [...], podendo ainda prever:
> [...]
> III. o emprego dos mecanismos privados de resolução de disputas, inclusive a arbitragem, a ser realizada no Brasil e em língua

---

[262] ENEI, José Virgílio Lopes. 2006 será um ano decisivo para as PPPs. *Migalhas*, 2 mar. 2006. Disponível em: <www.migalhas.com.br>. Acesso em: 1 ago. 2006.

portuguesa, nos termos da Lei nº 9.307, de 23 de setembro de 1996, para dirimir conflitos decorrentes ou relacionados ao contrato.

Já o art. 13, §§1º e 2º, da Lei Estadual nº 14.868/2003 (MG) prevê a arbitragem nos seguintes termos:

> Art. 13. Os instrumentos de parceria público-privada previstos no art. 11 desta Lei poderão estabelecer mecanismos amigáveis de solução de divergências contratuais, inclusive por meio de arbitragem.
>
> §1º. Na hipótese de arbitragem, os árbitros serão escolhidos dentre pessoas naturais de reconhecida idoneidade e conhecimento da matéria, devendo o procedimento ser realizado de conformidade com regras de arbitragem de órgão arbitral institucional ou entidade especializada.
>
> §2º. A arbitragem terá lugar na Capital do Estado, em cujo foro serão ajuizadas, se for o caso, as ações necessárias para assegurar a sua realização e a execução da sentença arbitral.

Nessa linha, a minuta do contrato de parceria público-privada, que integra o edital de licitação (anexo II) para recuperação e manutenção da rodovia MG-050, traz a previsão da arbitragem, como se pode observar:

> Capítulo XXV – Da arbitragem
>
> Cláusula 70 – Do processo de arbitragem
>
> 70.1. As controvérsias decorrentes do presente Contrato, ou com ele relacionadas, que não forem dirimidas amigavelmente entre as partes, ou pelo COMITÊ TÉCNICO nos casos previstos na Cláusula 68, serão resolvidas por arbitragem, conforme previsto na Cláusula 71 deste Contrato. [...]

70.1.2. A submissão de qualquer questão à arbitragem não exonera as partes do pontual e tempestivo cumprimento das disposições do Contrato, e das determinações do DER/MG que no seu âmbito sejam comunicadas à Concessionária, nem permite qualquer interrupção do desenvolvimento das atividades objeto da CONCESSÃO PATROCINADA, que deverão continuar a processar-se nos termos em vigor à data de submissão da questão até que uma decisão final seja obtida relativamente à matéria em causa.

70.1.3. O disposto no item anterior, relativamente ao cumprimento de determinações do DER/MG pela Concessionária, aplicar-se-á também às determinações consequentes sobre a mesma matéria, mesmo que emitidas após a data de submissão de uma questão à arbitragem, desde que a primeira dessas determinações consequentes tenha sido comunicada à Concessionária anteriormente àquela data.

70.1.4. A Concessionária obriga-se a dar imediato conhecimento ao DER/MG da ocorrência de qualquer litígio e a prestar-lhe toda a informação relevante relativa à sua evolução.

CLÁUSULA 71 – DA SOLUÇÃO DE CONTROVÉRSIAS

71.1. De conformidade com o art. 13 e seus parágrafos da Lei Estadual nº 14.868, de 16 de dezembro de 2003, e com o art. 11, III, da Lei Federal nº 11.079, de 30 de dezembro de 2004, bem como com a Lei Federal nº 9.307, de 23 de setembro de 1996, as controvérsias decorrentes do presente Contrato ou com ele relacionadas, que não puderem ser resolvidas amigavelmente entre as partes, serão definitivamente dirimidas por arbitragem institucional.

71.2. Os árbitros serão escolhidos dentre pessoas naturais de reconhecida idoneidade e conhecimento da matéria, devendo o procedimento ser realizado de conformidade com a regra de arbitragem do órgão arbitral institucional ou entidade especializada.

71.3. A arbitragem terá lugar na Capital do Estado, em cujo fórum serão ajuizadas, se for o caso, as ações necessárias para assegurar a sua realização e execução da sentença arbitral.[263]

Entretanto, Bandeira de Mello sustenta a inconstitucionalidade do art. 11, III, da Lei nº 11.079/2004:

> Não é aceitável perante a Constituição que particulares, árbitros, como suposto no art. 11, III [da Lei nº 11.079/2004], possam solver contendas nas quais estejam em causa interesses concernentes a serviços públicos, os quais não se constituem em bens disponíveis, mas indisponíveis, coisas extra *commercium*. Tudo que diz respeito ao serviço público, portanto, condições de prestação, instrumentos jurídicos compostos em vista deste desiderato, recursos necessários para bem desempenhá-los, comprometimento destes mesmos recursos, são questões que ultrapassam por completo o âmbito decisório de particulares. Envolvem interesses de elevada estatura, pertinentes à Sociedade como um todo, e, bem por isto, quando suscitarem algum quadro conflitivo entre partes, só podem ser solutos pelo Poder Judiciário. Permitir que simples árbitros disponham sobre matéria litigiosa que circunde um serviço público e que esteja dessarte com ele embricada ofenderia o papel constitucional do serviço público e a própria dignidade que o envolve.[264]

Tendo em vista o que já foi estudado acerca da arbitrabilidade subjetiva e objetiva nos contratos com o Estado, e o que

---

[263] MINAS GERAIS (Estado). Departamento de Estradas de Rodagem. Programa de Parcerias Público-Privadas. *Minuta de contrato de concessão patrocinada para exploração de rodovia*: concorrência nº 70/2006. Belo Horizonte/MG, 26 jun. 2006, p. 92-93. Disponível em: <www.ppp.mg.gov.br/pppemminas/projetos-ppp/mg-050/downloads-mg-050/Anexo%20II%20do%20Edital.pdf>. Acesso em: 28 set. 2009.

[264] BANDEIRA DE MELLO, Celso Antônio. As parcerias público-privadas (PPPs). *Migalhas*, 12 jan. 2006. Disponível em: <www.migalhas.com.br>. Acesso em: 14 jul. 2013.

será estudado acerca da arbitragem no âmbito das parcerias público-privadas, pergunta-se:

1. Havia necessidade de o legislador prever expressamente a possibilidade de cláusula compromissória nos contratos de parceria-público-privada? Por quê?
2. Consiste razão aos comentários de Bandeira de Mello acerca da indisponibilidade de direitos e da consequente inconstitucionalidade do art. 11, III, da Lei das PPPs? Comente.
3. Compare o art. 11, III, da Lei nº 11.079/2004 com o art. 13, §§1º e 2º, da Lei Estadual nº 14.868 (MG).
4. Analise a cláusula compromissória constante da minuta do contrato. Alguma informação deveria ser acrescentada? Há alguma peculiaridade na cláusula arbitral que gostaria de destacar?

Atividades reguladas (cap. 3)

Análise do Relatório da Sentença proferida na Ação Declaratória nº 24.334, 3ª Vara da Fazenda Pública de Curitiba. COMPANHIA PARANAENSE DE ENERGIA – COPEL vs. UEG ARAUCÁRIA LTDA.

Vistos e examinados os presentes Autos de Ação Declaratória nº 24.334, proposta por Companhia Paranaense de Energia – COPEL, em face de UEG Araucária Ltda.

POSICIONAMENTO DA COPEL:

Companhia Paranaense de Energia – COPEL, devidamente qualificada na inicial, propôs a presente Ação Declaratória, aduzindo, em síntese, que:

Firmou carta de intenções com a Petrobras Distribuidora S/A ("BR"), a BHP Power, a INC. ("BHP"), a EPEC GAS BRAZIL CORPORATION ("El Paso Brazil") e a BRITISH GÁS DO BRASIL LTDA ("BG"), na qual restou estabelecido o compartilhamento de informações e análises de projeto concernentes à geração de energia elétrica baseada em fonte térmica.

Assim ficou estabelecido que seria construída uma usina termelétrica a gás no Município de Araucária, sendo, para tanto, celebrado Instrumento de Constituição de Consórcio no qual foram estipuladas as regras atinentes à participação de cada empresa no projeto, à administração, aos custos e demais exigências necessárias. Relata que possuía a responsabilidade quanto ao apoio e conhecimento afetos às relações governamentais, bem como os procedimentos para licenciamento e questões regulatórias de proteção ambiental, asseverando, ainda, que em 1998 o referido Consórcio foi convertido em sociedade de propósito específico, o que resultou na celebração do Contrato Social da empresa UEG Araucária Ltda.

Informa que posteriormente foi firmado com a Requerida Contrato de Venda e Compra de Potência Assegurada no qual estavam dispostas as garantias, responsabilidade das partes, hipótese de força maior, estrutura de preço, pagamento, reajuste, dentre outras estipulações regidas pelo ordenamento legal brasileiro.

Esclarece que a Requerida instaurou procedimento arbitral junto à Corte Internacional de Arbitragem da Câmara de Comércio Internacional almejando o pagamento da quantia de R$ 69.665.696,97 (sessenta e nove milhões, seiscentos e sessenta e cinco mil, seiscentos e noventa e seis reais e noventa e sete centavos), mais os valores correspondentes às parcelas vincendas e correção monetária pelos prejuízos supostamente causados.

Faz comentários acerca do procedimento arbitral, sustentando que os requisitos necessários a sua participação em tal procedimento não foram observados, aduzindo, ainda, que *a Administração Pública não tem a faculdade de prever cláusulas arbitrais em seus contratos administrativos em decorrência do princípio da legalidade.*

Conclui, destarte, que não existe qualquer dispositivo legal que a autorize, na condição de sociedade de economia mista e concessionária de serviço público, a submeter suas controvérsias à arbitragem.

Assevera, também, que *o interesse público é indisponível*, sendo necessário, para que se torne disponível, um dispositivo legal que afaste tal presunção legal, apontando, ainda, que o administrador público, por ser mero gestor dos interesses públicos, não possui poderes nem para transigir e nem para dispor da coisa pública.

Sustenta que é nula a cláusula arbitral, seja porque sociedade de economia mista prestadora de serviço público não pode submeter-se à arbitragem sem que haja lei expressa autorizando, seja porque *está submetida ao regime de Direito Público, no qual os interesses são indisponíveis.*

Informa que, no contrato em questão, somente é adquirida a Potência Inicial assegurada da Usina e não o direito ao uso da energia elétrica a ela associada, não havendo, desta maneira, qualquer previsão, no objeto do contrato, acerca da possibilidade de utilização da energia cuja potência é disponibilizada, ressaltando, ainda, que o mesmo deixa claro que a operação e a manutenção da Usina são de sua responsabilidade exclusiva, assim como toda a energia elétrica associada nela produzida.

Esclarece que a Requerida não vende energia, mas tão somente arrenda a Usina para que possa produzir energia caso tenha interesse.

Relata *que a não homologação do contrato pela ANEEL impede que o objeto principal do mesmo se aperfeiçoe*, sustentando, ainda, que o contrato deve ser declarado nulo em virtude da não possibilidade de execução física e jurídica de seu objeto.

Acredita que a cláusula Décima Sétima do Contrato, a qual estipula que deverá ser efetuado um pagamento mensal ao Requerido a partir da data em que a usina entrou em operação, também não poderia ser objeto de arbitragem por tratar de matéria de natureza indisponível e, ainda, por trazer componentes de reajustes atrelados à variação cambial, o que é expressamente vedado pela Lei nº 10.192/2001.

Entende que o pedido efetuado pela Requerida no tocante à possibilidade de exigir a aquisição da Usina por um determinado preço também é contrário às normas cogentes impostas pelo setor elétrico e pela Administração Pública.

Assim, sustenta que tal cláusula deve ser considerada nula por contrariar requisitos formais necessários à contratação realizada pela Administração Pública (licitação), pela inexistência de motivos, pois o fundamento do ato é juridicamente inadequado ao resultado pretendido, e também por contrariar disposições legais determinantes ao setor elétrico.

Aduz que as normas de ordem pública são indisponíveis e, em consequência, toda e qualquer matéria de ordem pública, cogente e imperativa não é passível de arbitrabilidade, vez que o art. 1º da Lei de Arbitragem exclui a possibilidade de as partes submeterem à arbitragem questões que não sejam patrimoniais disponíveis.

Acredita estarem presentes os requisitos essenciais à concessão da tutela antecipada, bem como à concessão da medida liminar determinando à Requerida que se abstenha de praticar quaisquer atos relacionados à continuidade do procedimento arbitral instaurado.

Por fim, requer a declaração de nulidade da cláusula arbitral por ausência de jurisdição e pressuposto processual, que a Requerida se abstenha de qualquer ato ou manifestação com vista a dar continuidade ao processamento da arbitragem instaurada, a concessão da tutela antecipada, bem como da medida liminar pretendida. Juntou documentos às fls.37/621. Em decisão de fls. 623, foi concedida a medida liminar requerida. Às fls. 666/796 cópia do Agravo de instrumento interposto pela requerida.

Posicionamento da UEG Araucária Ltda.:
Devidamente citada, contestando as fls. 816/845, a UEG Araucária Ltda. sustenta, em suma, o seguinte:

Em sede de preliminar, observa que *a Lei de Arbitragem acolheu integralmente os Princípios da Autonomia da Cláusula Arbitral e da Competência sobre a Competência*, ressaltando que o direito da ampla defesa deve ser exercido no curso da própria arbitragem e o árbitro, caso entenda necessário, poderá remeter a controvérsia sobre a existência de direitos indisponíveis para o Poder Judiciário, suspendendo, assim, a arbitragem.

Dessa maneira, alega que a Autora não tem interesse de agir na presente ação, vez que não questionou a competência do árbitro, a nulidade de cláusula arbitral ou a existência de direitos indisponíveis dos quais dependa o julgamento da lide diante do Tribunal Arbitral.

Sustenta que, ao ser celebrado o contrato de Compra e Venda de Potência Assegurada, a Autora adquiriu não apenas a potência inicial assegurada da Usina, mas também o direito exclusivo de comercializar toda a potência disponível e energia elétrica que viesse a ser gerada pela Usina, conforme disposto na Cláusula 3.1 do referido contrato. Ressalta que a ANEEL jamais levantou qualquer objeção ao aduzido contrato além daquela feita à cláusula de reajuste de preço, *questionando, ainda, o motivo que levou a Autora a permitir a atualização da cláusula arbitral em seus contratos se a considerava inválida, como agora aduz.*

No mérito, faz comentários acerca do regime jurídico aplicável a sociedades de economia mista, ressaltando que a autora foi criada com personalidade jurídica de direito privado, o que atesta que suas relações e obrigações com terceiros são naturalmente regidas pelo regime jurídico de direito privado, o que a sujeita às regras regentes de todas as demais sociedades privadas.

Aponta que o objetivo do Estado, ao constituir uma sociedade de economia mista, é o de explorar uma determinada atividade em condições comerciais equiparáveis às desfrutadas pelas entidades estritamente privadas, organizando-a na forma de uma entidade privada, existindo, inclusive, possibilidade de ocorrer a participação de capitais privados para o financiamento do empreendimento.

Argumenta que a autora presta serviço que possui tanto interesse público como interesse privado, o que, no entanto, não faz com que qualquer contratação com ela efetuada seja regida pelo direito público. Entende que as sociedades de economia mista estão submetidas ao princípio da legalidade da mesma maneira que qualquer empresa privada, e não à legalidade estrita, não havendo, portanto, qualquer justificativa para que ocorra a intenção de negar a validade de cláusula arbitral em decorrência deste fundamento.

Acredita que não há necessidade de produção de nenhuma outra autorização legislativa além daquela já estabelecida no artigo 1º da Lei nº 9.307/1996, a qual permite a utilização do instituto da arbitragem indistintamente por qualquer pessoa, não existindo qualquer discriminação entre pessoas físicas ou jurídicas, pessoas de direito privado ou de direito público, integrantes ou não da Administração Pública.

Afirma que a possibilidade de vetar ao Estado o acesso à arbitragem, sendo esta um eficiente instrumento de solução de conflitos, quando não se verifica qualquer prejuízo ou contrariedade à supremacia de prerrogativas e poderes que lhes são próprios, pode sim caracterizar uma violação ao interesse público.

Entende que o art. 55, §2º, da Lei nº 8.666/1993 não representa obstáculo ao estabelecimento de cláusula arbitral, asseverando, também, que o contrato ora em discussão é avença típica do setor elétrico, podendo ser celebrado por qualquer sociedade estritamente privada sem que houvesse prejuízo de seu teor, forma ou efeitos.

Acredita que todo contrato celebrado pela Administração Pública possui interesse público, podendo este ser o objeto do contrato ou estar presente apenas indiretamente, assim, *quando o objeto do contrato não é o próprio interesse público, mas sim refere-se a interesses patrimoniais inerentes à atividade econômica, todos os direitos dele derivados são disponíveis por assumirem expressão patrimonial, sendo, portanto, suscetíveis de avaliação econômica.*

Expõe que, *in casu*, o objeto do contrato não é mais do que um meio para que se dê atendimento às necessidades da Requerente no que tange à geração de energia, bem como do interesse público presente na prestação do serviço concedido de distribuição de energia. Nesta perspectiva, o litígio oriundo do contrato teria por objeto direito patrimonial disponível, podendo ser, desta maneira, submetido à apreciação de tribunal arbitral.

Conclui que a Requerente, ao convencionar no contrato firmado cláusula de arbitragem tendo por objeto direitos patrimoniais disponíveis, atendeu o disposto no art. 173, §1º da Constituição Federal, no tocante a sua sujeição ao regime jurídico próprio das empresas privadas.

Reitera que o contrato firmado tem por objeto direitos patrimoniais disponíveis, o que não impede que o mesmo contenha cláusulas sujeitas à ordem pública ou que seja indicado árbitro para apreciar questões que envolvam normas cogentes de direito brasileiro.

Acredita que a apresentação de defesa perante o Tribunal Arbitral não caracteriza fundado receio de dano irreparável, o que aconteceria se, ao contrário, fosse lhe negado o direito de ampla defesa, aduzindo, ainda, que não existe nenhuma relação de prejudicialidade entre a continuidade do procedimento arbitral já instaurado e a eficácia do provimento final de mérito de declaração de nulidade da cláusula arbitral.

Requer sejam julgados improcedentes os pedidos, na hipótese de não ser extinto o processo, sem julgamento do mérito em virtude das preliminares suscitadas.

Juntou documentos às fls. 846/988. Em decisão de fls.991/992, foi deferido o pedido de antecipação da tutela pretendida. Impugnação às fls. 1007/1032.

Em decorrência da decisão de fls. 991/992, foi interposto Agravo de Instrumento conforme fls. 1130/1164. Em parecer de fls. 1171/1177, o D. Representante do Ministério Público opinou pela procedência do pedido formulado pela Requerente, com a consequente declaração de nulidade da cláusula compromissória do juízo arbitral.

É o relatório.[265]

Após a leitura do relatório, pede-se:

1. Confronte os posicionamentos das partes acerca das seguintes questões:
    a) princípio da legalidade;
    b) interesse público e indisponibilidade de direitos;
    c) regime jurídico ao qual as sociedades de economia mista estão submetidas;
    d) aplicação de normas de ordem pública pelo árbitro.
2. Na sua opinião, qual parte possui o argumento mais consistente com relação a cada uma dessas questões?
3. Se coubesse a você julgar o caso relatado, qual seria sua decisão? Daria provimento ao pedido da Copel, extinguiria o processo sem resolução do mérito ou julgaria improcedente o pedido da parte autora?

---

[265] PARANÁ (Estado). Ministério Público. 3ª Vara da Fazenda Pública de Curitiba. Sentença proferida na Ação Declaratória nº 24.334. *Revista Brasileira de Arbitragem*, Porto Alegre, v. 1, n. 3, p. 170-180, jul./set. 2004. Disponível em: <www.arcos.org.br/livros/estudos-de-arbitragem-mediacao-e-negociacao-vol3/parte-iv-jurisprudencia/jurisprudencia-arbitral/>. Acesso em: 17 jul. 2013.

Dispute board (cap. 4)

Um contrato para a construção de um porto foi celebrado entre uma empresa pública e um empreiteiro particular, tendo sido o empreendimento financiado com recursos do Banco Mundial. Devido ao elevado valor das obras e às condições impostas pelo órgão financiador, previu-se, na cláusula dedicada à solução de controvérsias, a adoção de um *dispute board* de três membros, que acompanharia a execução do contrato e emitiria decisões a respeito de eventuais disputas trazidas ao seu conhecimento.

Constavam, especificamente, na cláusula contratual, as seguintes disposições, em linha com o *Procurement of works* do Banco Mundial:

> 17. Cláusula Décima Sétima: Dispute Board
> 17.1. Um Dispute Board deve ser formado no início da execução do Contrato, constituído por três especialistas, um indicado por cada parte e o terceiro escolhido pelos dois membros do Dispute Board.
> 17.2. Se uma disputa (de qualquer natureza) surgir entre as Partes em conexão com o Contrato, qualquer das partes pode submetê-la, por escrito, ao Dispute Board para sua decisão.
> 17.3. Dentro de 84 dias do recebimento do pedido da Parte, o Dispute Board deverá emitir uma decisão, que devem as Partes imediatamente cumprir, até que a decisão, a pedido de qualquer das Partes, seja eventualmente revisada por um Tribunal Arbitral, conforme cláusula abaixo.
> 17.4. Se qualquer das Partes ficar insatisfeita com a decisão do Dispute Board, dentro de 28 dias do recebimento da decisão pode ela dar a notícia de sua insatisfação e de sua intenção de iniciar uma arbitragem, o que não libera a parte do dever de continuar cumprindo a decisão até que esta seja eventualmente revertida por um Tribunal Arbitral. Caso não seja dada a notícia, a decisão do Dispute Board será considerada final e obrigatória.

Durante o curso da execução do contrato, o empreiteiro encontrou dificuldades com a liberação das áreas pela empresa estatal que o contratou, tendo incorrido em diversos custos adicionais que não estavam previstos no contrato, como o pagamento de trabalhadores das frentes de trabalho que não puderam produzir devido à não liberação de áreas, como era previsto no contrato.

Depois de uma tentativa de resolução amigável entre os responsáveis pelo contrato de ambas as partes, que não resultou em sucesso, firmou-se uma disputa, submetida pelo empreiteiro ao *dispute board*, que já estava devidamente formado e acompanhando a evolução do contrato.

Após a análise dos documentos e oitiva das partes, dentro do prazo de 84 dias do contrato, o *dispute board* emitiu uma decisão, determinando que os custos adicionais pleiteados pelo empreiteiro lhe fossem ressarcidos pela empresa estatal.

Passaram-se 30 dias e a empresa estatal não cumpriu a decisão do *dispute board*, mas também não manifestou sua insatisfação com o conteúdo da decisão. No 31º dia a empresa estatal enviou ao *dispute board* e à outra parte uma notificação extrajudicial registrando sua insatisfação com a decisão, afirmando que não efetuaria os pagamentos adicionais e expressando sua intenção de dar início a um procedimento de arbitragem.

Em face da cláusula contratual e desta situação fática, pergunta-se:

1. Tendo em vista as normas do direito civil e administrativo brasileiro, a cláusula contratual prevendo o *dispute board* é válida?
2. Na situação narrada, a empresa estatal tem a obrigação jurídica de efetuar os pagamentos determinados pelo *dispute board*?

3. Poderia o empreiteiro pleitear a execução da decisão do *dispute board* em juízo ou diante de um tribunal arbitral? Por meio de qual tipo de ação?
4. A decisão do *dispute board* tornou-se efetivamente final e obrigatória?
5. O tema que foi objeto da decisão do *dispute board*, a despeito do descumprimento do prazo de notificação pela empresa estatal, poderá ser modificado por um tribunal arbitral?
6. Caso as partes fossem ambas pessoas jurídicas privadas, não sujeitas a nenhuma derrogação do direito administrativo, algo se modificaria nessas análises?
7. Um *dispute board* que emitisse apenas recomendações que não tivessem força obrigatória apresentaria alguma vantagem em relação a um *dispute board* que emite decisões, em tese, obrigatórias?
8. Os modelos disponíveis de *dispute boards* são compatíveis com a realidade jurídica brasileira? Quais são as perspectivas para o método de resolução de controvérsias?

Conclusão

À medida que a consciência jurídica da sociedade evolui e os cidadãos ampliam seu acesso à Justiça, seja através do Poder Judiciário ou de meios alternativos de solução de conflitos, cresce a importância do estudo do direito e de sua relação entre o particular e o Estado.

O direito está permeado como um dos elementos de transformação modernizadora das sociedades tradicionais, principalmente nos países em desenvolvimento. Evidencia-se, a cada dia, que o direito público não pode ser insensível ao que ocorre no sistema econômico, deixando de acompanhar as mudanças decorrentes do mundo globalizado em que vivemos, e que o direito tem papel relevante na organização da sociedade.

O objetivo deste livro foi desenvolver discussões e estudos sobre a utilização de meios alternativos de solução de controvérsias no âmbito público, pois resolver os conflitos de forma amigável e preservar o bom relacionamento entre as partes também é do interesse da administração pública. Pretende-se imprimir mais segurança aos passos necessários para o constante aperfeiçoamento do sistema jurídico nacional.

O estabelecimento de um sistema legal que funcione adequadamente é condição essencial para um bom nível de crescimento do país, seja em termos econômicos, seja em relação às suas instituições. O direito permeia todos os campos de uma sociedade e deve, consequentemente, acompanhar essas mudanças.

Nossa intenção é contribuir para o fomento de estudos específicos e aprofundados sobre o tema, tarefa que deve ser cada vez mais estimulada no país, baseando-se na crença de que uma Justiça mais eficiente também acarretará um direito mais efetivo e o desenvolvimento de toda a sociedade.

Referências

ABREVAYA, Sergio; BASZ, Victoria. *Facilitación en políticas públicas*: una experiencia interhospitalaria. Buenos Aires: Librería Historica, 2005.

ALESSI, Renato. *Sistema istituzionale del diritto amministrativo italiano*. 3. ed. Milão: Giuffre, 1960.

ALMEIDA, Tania. Século XXI: a mediação de conflitos e outros métodos não adversariais de resolução de controvérsias. In: CONSELHO DE CÂMARAS DE COMÉRCIO DO MERCOSUL. Secretaria Geral pro tempore. *Anais das palestras proferidas em 2002*. Confederação Nacional do Comércio: Rio de Janeiro, 2003. p. 7-12.

_____. Barrio Cerrado-Mineras: divulgación de métodos para la resolución pacífica de conflictos. *Mediadores en Red l@ Revista*, ano II, p. 75-100, nov. 2004. Ed. especial

_____. Mediação e conciliação: dois paradigmas distintos: duas práticas diversas. In: CASELLA, Paulo Borba; SOUZA, Luciane Moessa de (Coord.). *Mediação de conflitos*: novo paradigma de acesso à Justiça. Belo Horizonte: Fórum, 2009.

ÁLVAREZ, Gladys S.; HIGHTON, Elena I.; JASSAN, Elías. *Mediación y justicia*. Buenos Aires: Depalma, 1996.

ANEEL. Aprovado regulamento com as regras de comercialização de energia para 2005. *Informativo Semanal*, n. 158, 3-9 fev. 2005. Disponível em: <www.aneel.gov.br/arquivos/PDF/boletim158.html>. Acesso em: 6 abr. 2012.

APPIO, Eduardo. *Controle judicial das políticas públicas no Brasil*. 5. reimpr. Curitiba: Juruá, 2008.

ARAGÃO, Alexandre Santos de. As parcerias público-privadas (PPPs) no direito positivo brasileiro. *Revista de Direito Administrativo*, Rio de Janeiro, v. 240, p. 105-145, abr./jun. 2005a.

_____. O contrato de compartilhamento de infraestruturas: disciplina e natureza jurídica. *Revista Trimestral de Direito Civil*, Rio de Janeiro, v. 6, n. 22, p. 3-43, abr./jun. 2005b.

ARNALDEZ, Jean-J.; DERAINS, Yves; HASCHER, Dominique. *Collection of ICC arbitral awards*: 1991-1995. Paris: Kluwer Law and Taxation, 1997.

AUGSBURGER, David. W. *Conflict mediation across cultures*: pathways and patterns. Louisville, KY: Westminster/John Knox Press, 1992.

AVRUCH, Kevin. *Culture & conflict resolution*. Washington: United States Institute of Peace Press, 2002.

BACELLAR, Luiz Ricardo Trindade. Função jurisdicional das agências reguladoras. *Revista de Processo*, São Paulo, v. 28, n. 111, p. 148-161, jul./set. 2003.

_____. Solução de controvérsias pelas agências reguladoras. *Revista de Direito Administrativo*, Rio de Janeiro, v. 236, p. 163-174, abr./jun. 2004.

BANDEIRA DE MELLO, Celso Antônio. *Curso de direito administrativo*. 16. ed. rev. e atual. São Paulo: Malheiros, 2003.

_____. As parcerias público-privadas (PPPs). *Migalhas*, 12 jan. 2006. Disponível em: <www.migalhas.com.br/dePeso/16,MI20266,71043-As+Parcerias+PublicoPrivadas+PPPs>. Acesso em: 14 jul. 2013.

BARBOSA, Joaquim Simões; SOUZA, Carlos Affonso Pereira de. Arbitragem nos contratos administrativos: panorama de uma discussão a ser resolvida. In: ALMEIDA, Ricardo Ramalho. *Arbitragem interna e internacional*. Rio de Janeiro: Renovar, 2003.

BARCELOS SILVA, Marco Aurélio de. Mecanismos de atuação estatal: as parcerias público-privadas (PPPs). *Revista Brasileira de Direito Público*, Belo Horizonte, ano 2, v. 6, p. 125-132, jul./set. 2004.

BARROSO, Luís Roberto. Sociedade de economia mista prestadora de serviço público. Cláusula arbitral inserida em contrato administrativo sem prévia autorização legal. Invalidade. *Revista de Direito Bancário do Mercado de Capitais e da Arbitragem*, Rio de Janeiro, n. 19, p. 429-433, jan./mar. 2003. Pareceres.

BATISTA MARTINS, Pedro A. A arbitragem e as entidades de direito público. *Batista Martins Advogados*, Rio de Janeiro, [s.d.]a. Disponível em: <www.batistamartins.com/batistamartins.html>. Acesso em: 29 set. 2009.

_____. Arbitragem e o setor de telecomunicações no Brasil. *Batista Martins Advogados*, Rio de Janeiro, [s.d.]b. Disponível em: <www.batistamartins.com/batistamartins.html>. Acesso em: 29 set. 2009.

BATISTA MARTINS, Pedro A.; LEMES, Selma M. Ferreira; CARMONA, Carlos Alberto. *Aspectos fundamentais da lei de arbitragem*. Rio de Janeiro: Forense, 1999.

BINENBOJM, Gustavo. As parcerias público-privadas (PPPs) e a Constituição. *Mundo Jurídico*, 30 ago. 2005. Disponível em: <www.mundojuridico.adv.br/sis_artigos/artigos.asp?codigo=153>. Acesso em: 26 jul. 2006.

BRANCHER, Paulo. Soluções de controvérsias e as agências reguladoras. *Revista Brasileira de Arbitragem*, Porto Alegre, v. 1, n. 1, p. 45, jan./mar. 2004.

BRASIL. Presidência da República. Lei nº 11.079/2004. Ementa. Brasília, *DOU*, 31 dez. 2004.

BRITO, Barbara Moreira Barbosa de; SILVEIRA, Antonio Henrique Pinheiro. Parceria público-privada: compreendendo o modelo brasileiro. *Revista do Serviço Público*, v. 56, n. 1, p. 7-21, jan./mar. 2005.

BUCHEB, José Alberto. *A arbitragem internacional nos contratos da indústria do petróleo*. Rio de Janeiro: Lumen Juris, 2002.

BUSH, Robert A. Baruch; FOLGER, Joseph P. *The promise of mediation*: the transformative approach to conflict. ed. rev. San Francisco: Jossey-Bass, 2005.

CALMON, Petrônio. *Fundamentos da mediação e da conciliação*. Rio de Janeiro: Forense, 2007.

CAMPOS, Patrizia Antonacci. Parcerias público-privadas: a experiência internacional. *Migalhas*, 2005. Disponível em: </www.migalhas.com.br>. Acesso em: 30 nov. 2005.

CARAM, María Elena; EILBAUM, Diana Teresa; RISOLÍA, Matilde. *Mediación*: diseño de una práctica. Buenos Aires: Librería Histórica, 2006.

CARMONA, Carlos Alberto. *Arbitragem e processo*: um comentário à Lei n. 9.307/1996. 2. ed. São Paulo: Atlas, 2004.

CARPENTER, Susan L.; KENNEDY, W. J. D. *Managing public disputes*: a practical guide for government, business, and citizens' groups. São Francisco: Jossey-Bass, 2001.

CARVALHO FILHO, José dos Santos. *Manual de direito administrativo*. 13. ed. Rio de Janeiro: Lumen Juris, 2005.

CASABONA, Marcial Barreto. Mediação e lei. *Revista do Advogado*, São Paulo, n. 62, p. 84-92, mar. 2001.

COHEN, Raymond. *Negotiating across cultures*: international communication in an independent world. ed. rev. Washington: United State Institute of Peace Press, 1998.

COOLEY, John W. *A advocacia na mediação*. Trad. René Loncan. Brasília: UnB, 2001.

CUNHA, J. S. Fagundes. Da mediação e da arbitragem endoprocessual. *Revista dos Juizados Especiais*. São Paulo, v. 4, n. 14, out./dez. 1999.

DALLARI, Adilson Abreu. Arbitragem na concessão de serviço público. *Revista de Informação Legislativa*, Brasília, v. 32, n. 128, p. 63-67, out./dez. 1995.

DELPIAZZO, Carlos E. El arbitraje en la contratación administrativa en el ámbito del Mercosur. In: PUCCI, Adriana Noemi (Coord.). *Aspectos atuais da arbitragem*. Rio de Janeiro: Forense, 2001.

DIAS, Maria Berenice; GROENINGA, Giselle. A mediação no confronto entre direitos e deveres. *Revista do Advogado*, São Paulo, n. 62, p. 59-63, mar. 2001.

DI PIETRO, Maria Sylvia Zanella. *Direito administrativo*. 16. ed. São Paulo: Atlas, 2003.

DOLINGER, Jacob; TIBURCIO, Carmen. *Direito internacional privado*: arbitragem comercial internacional. Rio de Janeiro: Renovar, 2003.

DROMI, Roberto. *Modernización del control público*. Madri: Hispania Libros, 2005.

ENEI, José Virgílio Lopes. 2006 será um ano decisivo para as PPPs. *Migalhas*, 2 mar. 2006. Disponível em: <www.migalhas.com.br>. Acesso em: 1 ago. 2006.

_____; PONTES, Evandro. Enfoque jurídico na administração do fundo garantidor de parcerias público-privadas – FGP. *Migalhas*, 17 ago. 2005. Disponível em: <www.migalhas.com.br>. Acesso em: 1 ago. 2006.

FERNANDES, Amanda Brisolla. Arbitragem e aspectos da cláusula arbitral no âmbito das PPPs. *Migalhas*, 24 jan. 2006. Disponível em: <www.migalhas.com.br/mostra_noticia_articuladas.aspx?op=true&cod=20219>. Acesso em: 28 set. 2009.

FIGUEIREDO, Ivanilda. *Políticas públicas e a realização dos direitos sociais*. Porto Alegre: Sergio Antonio Fabris, 2006.

FISHER, Roger; KOPELMAN E.; SCHNEIDER, A. Kupper. *Más allá de Maquiavelo*: herramientas para afrontar conflictos. Argentina: Granica, 1996.

FUNDACIÓN Cambio Democrático. *Manual construcción de consenso*: los procesos colaborativos. Buenos Aires: Fundación Cambio Democrático, 2006.

GAILLARD, Emmanuel; GOLDMAN, Berthold; SAVAGE, John F. (Ed.); FOUCHARD, Philippe (Colab.). *Fouchard, Gaillard, Goldman on international commercial arbitration*. The Hague: Kluwer Law International, 1999.

GARCEZ, Jose Maria Rossani. *Negociação, ADRS, mediação, conciliação e arbitragem*. Rio de Janeiro: Lumen Juris, 2004.

GIL, Felipe. PPPs: lentidão federal. *Isto É*, n. 1.890, p. 54-55, 11 jan. 2006.

GOMES DE MATTOS, Mauro Roberto. Contrato administrativo e a Lei de Arbitragem. *Revista de Direito Administrativo*, Rio de Janeiro, v. 223, p. 115-131, jan./mar. 2001.

GRAU, Eros Roberto. Da arbitrabilidade de litígios envolvendo sociedade de economia mista e da interpretação de cláusula compromissória. Pareceres. *Revista de Direito Bancário do Mercado de Capitais e da Arbitragem*, Rio de Janeiro, n. 18, p. 396-404, out./dez. 2002. Pareceres.

GREBLER, Eduardo. A solução de controvérsias em contratos de parceria público-privada. *Revista de Arbitragem e Mediação*, São Paulo, v. 1, n. 2, p. 60-72, maio/ago. 2004.

GROTTI, Dinorá Adelaide Musetti. As agências reguladoras. *Revista Brasileira de Direito Público*, v. 2, n. 4, p. 187-219, jan./mar. 2004.

GUERRA, Sérgio. *Introdução ao direito das agências reguladoras*. Rio de Janeiro: Freitas Bastos, 2004.

HIGHTON, Elena I.; ÁLVAREZ, Gladys S. *Mediación para resolver conflictos*. Buenos Aires: Ad-Hoc, 1996.

_____; _____; GREGORIO, Carlos G. *Resolución alternativa de disputas y sistema penal*: la mediación penal y los programas víctima-victimario. Buenos Aires: Ad-Hoc, 1998.

JUSTEN FILHO, Marçal. *Curso de direito administrativo*. São Paulo: Saraiva, 2005.

_____. As parcerias público-privadas sob fogo cruzado. *Migalhas*, 6 dez. 2004. Disponível em: <www.migalhas.com.br>. Acesso em: 2 ago. 2006

KOCH, Cristopher. Novo regulamento da CCI relativo aos *dispute boards*. *Revista de Arbitragem e Mediação*, ano 2, n. 6, p. 143-175, jul./set. 2005.

KRITEK, Phyllis Beck. *Negotiating at an eneven table*: a practical approach to working with difference and diversity. São Francisco: Jossey-Bass, 1996.

LEE, João Bosco. *Arbitragem comercial internacional nos países do Mercosul*. 4. tir. Curitiba: Juruá, 2005.

LEMES, Selma M. Ferreira. A arbitragem e os novos rumos empreendidos na administração pública – a empresa estatal, o Estado e a concessão de serviço público. In: MARTINS, Pedro Batista; LEMES, Selma M. Ferreira; CARMONA, Carlos Alberto. *Aspectos fundamentais da Lei de Arbitragem*. Rio de Janeiro: Forense, 1999.

_____. Arbitragem na concessão de serviço público: perspectivas. *Revista de Direito Bancário, do Mercado de Capitais e da Arbitragem*, São Paulo, v. 5, n. 17, p. 342-354, jul./set. 2002.

_____. Arbitragem na concessão de serviços públicos: arbitrabilidade objetiva – confidencialidade ou publicidade processual? *Revista de Direito Bancário, do Mercado de Capitais e da Arbitragem*, São Paulo, v. 6, n. 21, p. 387-407, jul./set. 2003.

_____. *Arbitragem na administração pública*: fundamentos jurídicos e eficiência econômica. São Paulo: Quartier Latin, 2007.

LIMA, Cláudio Vianna de. A Lei de Arbitragem e o artigo 23, XV, da Lei de Concessões. *Revista de Direito Administrativo*, v. 209, p. 92, jul./set. 1997.

_____. Observações da prática da mediação e da arbitragem. *Revista Doutrinária*, Niterói, v. 4, n. 4, p. 78, maio 2001.

LOUREIRO, Luiz Guilherme de Andrade Vieira. A mediação como forma alternativa de solução de conflitos. *Revista dos Tribunais*, São Paulo, v. 87, n. 751, p. 94-101, maio 1998.

MAGALHÃES, José Carlos de. *Do Estado na arbitragem privada*. São Paulo: Max Limonad, 1988.

MAGRINI, Alessandra; SANTOS, Marco Aurélio dos. *Gestão ambiental de bacias hidrográficas*. Rio de Janeiro: UFRJ-Coppe/Instituto Virtual Internacional de Mudanças Globais, 2001.

MALINVAUD, Philippe. Réflexions sur le dispute adjudication board. *Revista de Arbitragem e Mediação*, ano 2, n. 5, p. 101, jul./set. 2005.

MARCATO, Fernando S.; DANTAS, Paulo Henrique Spirandeli. A divisão de riscos extraordinários nas PPPs. *Migalhas*, 2 fev. 2005. Disponível em: <www.migalhas.com.br>. Acesso em: 26 jul. 2006.

MARQUES NETO, Floriano Peixoto de Azevedo. Universalização de serviços públicos e competição: o caso da distribuição de gás natural. *Revista de Direito Administrativo*, Rio de Janeiro, v. 223, jan./mar. 2001.

_____. Regulação estatal e interesses públicos. São Paulo: Malheiros, 2002.

MEDAUAR, Odete. *Direito administrativo moderno*. 8. ed. São Paulo: Revista dos Tribunais, 2004.

MEIRELLES, Hely Lopes. *Direito administrativo brasileiro*. 29. ed. Atual. Eurico de Andrade Azevedo, Délcio Balestero Aleixo, José Emmanuel Burle Filho. São Paulo: Malheiros, 2004.

MENDES, Luiza Rangel de. Considerações sobre o BOT: *project finance* e suas aplicações em concessões de serviços públicos. *Revista de Direito Administrativo*, Rio de Janeiro, v. 212, p. 135-150, abr./jun. 1998.

MENDONÇA, Ângela; FONKERT, Renata A crise do Judiciário, o movimento universal de acesso à Justiça e os meios alternativos de solução de conflitos. In: CONSELHO DE CÂMARAS DE COMÉRCIO DO MERCOSUL. Secretaria Geral Pro Tempore. *Anais das palestras*

proferidas em 2002. Confederação Nacional do Comércio: Rio de Janeiro, 2003. p. 13-18.

MENEZELLO, Maria D'Assunção C. O conciliador/mediador e o árbitro nos contratos administrativos. *Boletim Direito Administrativo*, ano XIII, p. 825-829, dez. 1997.

MEURER, Zuleica Maria. Mediação: uma proposta de solução de conflitos a ser implantada no Brasil. *Âmbito Jurídico*, Rio Grande, RS, v. XI, n. 54, jun. 2008. Disponível em: <www.ambito-juridico.com.br/site/index.php?n_link=revista_artigos_leitura&artigo_id=2987>. Acesso em: 4 fev. 2009.

MINAS GERAIS (Estado). Lei Estadual nº 14.868/2003. Dispõe sobre o programa estadual de parcerias público-privadas. *Minas Gerais Diário do Executivo*, Belo Horizonte, 17 dez. 2003. p. 1, col. 1.

_____. Departamento de Estradas de Rodagem. Programa de Parcerias Público-Privadas. *Minuta de contrato de concessão patrocinada para exploração de rodovia*: concorrência nº 70/2006. Belo Horizonte/MG, 26 jun. 2006. Disponível em: <www.ppp.mg.gov.br/pppemminas/projetos-ppp/mg-050/downloads-mg-050/Anexo%20II%20do%20Edital.pdf>. Acesso em: 28 set. 2009.

MITCHELL, Christopher; RODRÍGUEZ, Alberto Barrueco; OBER, Giselle Huamani. *Manual de La Resolución de Conflictos Intratables*. Fairfax: George Mason University, 2000.

MOORE, Christopher W. *O processo de mediação*: estratégicas práticas para a resolução de conflitos. 2. ed. Trad. Magda França Lopes. Porto Alegre: Artmed, 1998.

MORAES, Luiza Rangel de. Arbitragem e agências reguladoras. *Revista de Arbitragem e Mediação*, São Paulo, v. 1, n. 2, p. 73-89, maio/ago. 2004.

MOREIRA NETO, Diogo de Figueiredo. A arbitragem nos contratos administrativos. *Revista de Direito Administrativo*, n. 209, p. 85, jul./set. 1997.

_____. *Curso de direito administrativo*. 13. ed. Rio de Janeiro: Forense, 2003.

_____; SOUTO, Marcos Juruena Villela. Arbitragem em contratos firmados por empresas estatais. *Revista de Direito Administrativo*, Rio de Janeiro, v. 236, p. 215-261, abr./jun. 2004.

MOURA, Marcelo Viveiros de; CASTRO, Décio Pio Borges de. A importância das garantias para o sucesso da parceria público-privada (PPP). *Boletim Informativo Pinheiro Neto Advogados*. Rio de Janeiro, n. 1844, p. 1-5, 13 jan. 2005. Disponível em: <www.migalhas.com.br>. Acesso em: 26 jul. 2006.

MUNIZ, Joaquim de Paiva. Os limites da arbitragem nos contratos de concessão de exploração e produção de petróleo e gás natural. *Revista de Arbitragem e Mediação*, São Paulo, v. 1, n. 2, p. 90-101, maio/ago. 2004.

NUNES, Pedro Augusto da Cruz; BATISTA, Felipe de Queiroz; OLIVEIRA, Juliana Araújo de. O Fundo Garantidor das Parcerias Público-Privadas (FGP). *Migalhas*, 11 fev. 2005. Disponível em: <www.migalhas.com.br>. Acesso em: 25 jul. 2006.

OLIVEIRA, Gustavo Henrique Justino de. A arbitragem e as parcerias público-privadas. *Revista de Direito Administrativo*, Rio de Janeiro, v. 241, p. 241-271, jul./set. 2005.

OLIVEIRA, Regis Fernandes de. Mediação (instrumento da pacificação social). *Revista dos Tribunais*, São Paulo, v. 91, n. 799, p. 88-100, maio 2002.

PARANÁ (Estado). Ministério Público. 3ª Vara da Fazenda Pública de Curitiba. Sentença proferida na Ação Declaratória nº 24.334. *Revista Brasileira de Arbitragem*, Porto Alegre, v. 1, n. 3, p. 170-180, jul./set. 2004. Disponível em: <www.arcos.org.br/livros/estudos-de-arbitragem-mediacao-e-negociacao-vol3/parte-iv-jurisprudencia/jurisprudencia-arbitral/>. Acesso em: 17 jul. 2013.

PATRIKIOS, Apostolos. *L'arbitrage em matière administrative*. Paris: LGDJ, 1997.

PINTO, José Emilio Nunes. A arbitrabilidade de controvérsias nos contratos com o Estado e empresas estatais. *Revista Brasileira de Arbitragem*, Porto Alegre, v. 1, n. 1, p. 9-26, jan./mar. 2004.

_____. Entre os grandes riscos das PPPs, o maior é o político. *Consultor Jurídico*, São Paulo, 3 jan. 2005a. Disponível em: <www.conjur.com.br/2005-jan-03>. Acesso em: 28 set. 2009.

_____. A percepção do risco nas parcerias público-privadas, a Lei n. 11.079 e seus mitigantes. *Informativo Jurídico Consulex*, Brasília, v. 19, n. 4, p. 3-7, 31 jan. 2005b.

_____. A confidencialidade na arbitragem. *Revista de Arbitragem e Mediação*, v. 6, p. 25-36, jul./set. 2005c.

_____. Os dois "C" das PPPs. *Mundo Jurídico*, 1 set. 2005d. Disponível em: <www.mundojuridico.adv.br>. Acesso em: 25 jul. 2006.

_____. A arbitragem na recuperação de empresas. *Revista de Arbitragem e Mediação*, São Paulo, ano 2, n. 7, p. 79-100, out./dez. 2005e.

_____. A arbitragem na comercialização de energia elétrica. *Revista de Arbitragem e Mediação*, São Paulo, ano 3, n. 9, p. 173-193, abr./jun. 2006.

_____. Há espaço para a arbitragem no novo modelo para o setor elétrico? *Âmbito Jurídico*, Rio Grande, RS [s.d.]. Disponível em: <www.ambitojuridico.com.br/site/index.php?n_link=revista_artigos_leitura&artigo_id=3946>. Acesso em: 29 set. 2009.

RAGGI, Jorge Pereira; MORAES, Angelina Maria Lanna. *Perícias ambientais*: controvérsias e estudo de casos. Rio de Janeiro: Qualitymark, 2005.

RICHE, Cristina Ayoub. *Lei de Arbitragem nº 9.307/96*: uma solução alternativa para os conflitos de ordem jurídica. Rio de Janeiro: UniverCidade, 2001.

ROCHA, Fernando Antônio Dusi. *Regime jurídico dos contratos da administração*. 2. ed. Brasília: Brasília Jurídica, 2000.

ROCHA, João Luiz Coelho da. As parcerias público-privadas. *Revista de Direito Mercantil, Industrial, Econômico e Financeiro*, São Paulo, v. 43, n. 134, p. 130-137, abr./jun. 2004.

SEPPALA, Cristopher R. The new Fidic provision for a dispute adjudication board. *Le droit des affaires internationales*, n. 8, p. 967, 1997.

SERPA, Maria de Nazareth. *Teoria e prática da mediação de conflitos*. Rio de Janeiro: Lumen Juris, 1999.

SILVA, Alessandra Gomes do Nascimento. *Técnicas de negociação para advogados*. 2. ed. São Paulo: Saraiva, 2003.

SOUTO, Marcos Juruena Villela. *Direito administrativo em debate*. 2. ed. Rio de Janeiro: Lumen Juris, 2007.

SOUZA JR., Lauro Gama e. Sinal verde para a arbitragem nas parcerias público-privadas: a construção de um novo paradigma para os contratos entre o Estado e o investidor privado. *Mundo Jurídico*, 29 ago. 2005. Disponível em: <www.mundojuridico.adv.br/sis_artigos/artigos.asp?codigo=150>. Acesso em: 28 set. 2009.

STUBER, Walter Douglas. O programa brasileiro de parcerias público-privadas. *Revista Jurídica Consulex*, Brasília, v. 9, n. 194, p. 51-58, fev. 2005.

SUSSKIND, Lawrence; CRUIKSHANK, Jeffrey. *Breaking the impasse*: consensual approaches to resolving public disputes. Nova York: Basic Books, 1987.

_____; _____. *Breaking Robert's rules*: the new way to run your meeting, build consensus, and get results. Oxford: Oxford University Press, 2006.

_____; MCKEARNAN, Sarah; THOMAS-LARMER, Jennifer. *The consensus building handbook*: a comprehensive guide to reaching agreement. Londres: Sage, 1999.

TÁCITO, Caio. O juízo arbitral em direito administrativo. In: MARTINS, Pedro A. Batista; GARCEZ, José Maria Rossani. *Reflexões sobre arbitragem in memoriam do desembargador Cláudio Vianna de Lima*. São Paulo: LTr, 2002.

_____. Arbitragem nos litígios administrativos. *Revista de Direito Administrativo*, Rio de Janeiro, v. 242, p. 139-143, out./dez. 2005a.

_____. Serviços de telecomunicações. Telefonia móvel celular. Empresa privada. *Revista de Direito Administrativo*, Rio de Janeiro, v. 242, p. 302-310, out./dez. 2005b.

TALAMINI, Eduardo. Idioma e local da arbitragem sobre PPP. *Migalhas*, 25 jan. 2005. Disponível em: <www.migalhas.com.br/mostra_noticia_articuladas.aspx?op=true&cod=9546>. Acesso em: 28 set. 2009.

TIBURCIO, Carmen. A arbitragem como meio de solução de litígios comerciais internacionais envolvendo o petróleo e uma breve análise da cláusula arbitral da sétima rodada de licitações da ANP. *Revista de Arbitragem e Mediação*, São Paulo, ano 3, n. 9, p. 78-98, abr./jun. 2006.

_____; MEDEIROS, Suzana. Arbitragem na indústria do petróleo no direito brasileiro. *Revista de Direito Administrativo*, Rio de Janeiro, v. 241, p. 53-91, jul./set. 2005.

VALDES, Juan Eduardo Figueroa. *A arbitragem em contratos de concessão de obras públicas no Chile*: incorporação dos "dispute boards ou painéis técnicos ou de especialistas". Santiago, 2011. Disponível em: <www.josemigueljudice-arbitration.com/xms/files/02_TEXTOS_ARBITRAGEM/01_Doutrina_ScolarsTexts/miscellaneous/Arbit._em_Contratos_de_Concessao_no_Chile.pdf>. Acesso em: 21 jul. 2011.

VAZ, Gilberto José. Breves considerações sobre os *dispute boards* no direito brasileiro. *Revista de Arbitragem e Mediação*, ano 3, n. 10, p. 165-171, jul./set. 2006.

WALD, Arnoldo. Parcerias público-privadas e arbitragem. *Carta Mensal*, v. 50, n. 589, p. 3-6, abr. 2004.

_____. A arbitragem contratual e os *dispute boards*. *Revista de Arbitragem e Mediação*, ano 2, n. 6, p. 9-23, jul./set. 2005.

_____; MORAES, Luiza Rangel de. Agências reguladoras. *Revista de Informação Legislativa*, Brasília, v. 36, n. 141, p. 143-171, jan./mar. 1999.

Organizadores

Na contínua busca pelo aperfeiçoamento de nossos programas, o Programa de Educação Continuada da FGV Direito Rio adotou o modelo de sucesso atualmente utilizado nos demais cursos de pós-graduação da Fundação Getulio Vargas, no qual o material didático é entregue ao aluno em formato de pequenos manuais. O referido modelo oferece ao aluno um material didático padronizado, de fácil manuseio e graficamente apropriado, contendo a compilação dos temas que serão abordados em sala de aula durante a realização da disciplina.

A organização dos materiais didáticos da FGV Direito Rio tem por finalidade oferecer o conteúdo de preparação prévia de nossos alunos para um melhor aproveitamento das aulas, tornando-as mais práticas e participativas.

Joaquim Falcão – diretor da FGV Direito Rio

Doutor em educação pela Université de Génève. *Master of laws* (LL.M) pela Harvard University. Bacharel em direito pela Pontifícia Universidade Católica do Rio de Janeiro (PUC-Rio).

Diretor da Escola de Direito do Rio de Janeiro da Fundação Getulio Vargas (FGV Direito Rio).

Sérgio Guerra – vice-diretor de pós-graduação da FGV Direito Rio

Doutor e mestre em direito. Professor titular da FGV Direito Rio (graduação e mestrado), na qual ocupa o cargo de vice-diretor de pós-graduação (*lato* e *stricto sensu*). Diretor-executivo da *Revista de Direito Administrativo (RDA)* e coordenador do mestrado profissional em Poder Judiciário. Possui pós-graduação (especialização) em direito ambiental, direito processual civil e direito empresarial e cursos de educação continuada na Northwestern School of Law e University of California – Irvine.

Rafael Almeida – coordenador geral de pós-graduação da FGV Direito Rio

Doutorando em políticas públicas, estratégias e desenvolvimento pelo Instituto de Economia da Universidade Federal do Rio de Janeiro (UFRJ). *Master of laws* (LL.M) em *international business law* pela London School of Economics and Political Science (LSE). Mestre em regulação e concorrência pela Universidade Candido Mendes (Ucam). Formado pela Escola de Magistratura do Estado do Rio de Janeiro (Emerj). Bacharel em direito pela UFRJ e em economia pela Ucam.

Colaboradores

Os cursos de pós-graduação da FGV Direito Rio foram realizados graças a um conjunto de pessoas que se empenhou para que eles fossem um sucesso. Nesse conjunto bastante heterogêneo, não poderíamos deixar de mencionar a contribuição especial de nossos professores e pesquisadores em compartilhar seu conhecimento sobre questões relevantes ao direito. A FGV Direito Rio conta com um corpo de professores altamente qualificado que acompanha os trabalhos produzidos pelos pesquisadores envolvidos em meios acadêmicos diversos, parceria que resulta em uma base didática coerente com os programas apresentados.

Nosso especial agradecimento aos colaboradores da FGV Direito Rio que participaram deste projeto:

Adolfo Braga Neto

Graduado em direito pela Faculdade de Direito da Universidade de São Paulo (USP), pós-graduado *lato sensu* em direitos difusos e coletivos pela Escola Superior do Ministério Público do Estado de São Paulo. Especialista em arbitragem, mediação e negociação pela FGV. Supervisor em mediação. Consultor do Banco Mundial, da ONU, do Pnud e dos ministérios da Justiça de Angola, Brasil, Cabo Verde e Portugal. Diretor do Fórum Mundial de Mediação.

Cristiane Dias Carneiro

Mestre em direito e economia pela Universidade Gama Filho. Especialista em direito empresarial e bacharel em direito pela Universidade Candido Mendes (Ucam). Advogada no Rio de Janeiro. Autora de artigos sobre arbitragem. Professora dos cursos de MBA e pós-graduação da FGV.

Cristina Lobato

Advogada graduada pela Universidade do Estado do Rio de Janeiro (Uerj). Especialista em direito civil, empresarial e processo civil pela Universidade Veiga de Almeida. Membro da equipe técnica do Programa Justiça Comunitária da Secretaria de Estado de Assistência Social e Direitos Humanos (SEASDH) do Rio de Janeiro. Mediadora no Tribunal de Justiça do Rio de Janeiro.

Fabiane Verçosa

Doutora e mestre em direito internacional e da integração econômica pela Universidade do Estado do Rio de Janeiro (Uerj). Professora da graduação e da pós-graduação em direito do Ibmec/RJ e da pós-graduação da FGV Direito Rio. Advogada no Rio de Janeiro.

Renata da Silva França

Graduada em letras, com habilitação em português e literaturas de língua portuguesa na UFF. Pós-graduanda em literatura infantojuvenil pela Universidade Federal Fluminense (UFF). Atua como revisora do material didático dos cursos de extensão e especialização da FGV Direito Rio.

Selma Lemes

Advogada atuante em arbitragens domésticas e internacionais. Integrou a Comissão Relatora da Lei nº 9.307/1996. Bacharel em direito, mestre em direito internacional e doutora pela Universidade de São Paulo (USP). Autora de livros e artigos sobre arbitragem.

Tânia Almeida

Docente e supervisora em mediação de conflitos e em facilitação de diálogos. Mestre em mediação de conflitos pela Universidade Kurt Bösch. Médica. Pós-graduada em neuropsiquiatria, sociologia, psicanálise e gestão empresarial. Diretora-presidente do Mediare – Diálogos e Processos Decisórios. *Short term consultant* do Programa da América Latina do Banco Mundial.

Este livro foi impresso nas oficinas gráficas da Editora Vozes Ltda.,
Rua Frei Luís, 100 – Petrópolis, RJ.